Viktor E. Frankl

Das Leiden am sinnlosen Leben

HERDER / SPEKTRUM
Band 4030

Das Buch

Das Leiden an einer tiefen Sinnlosigkeit und lähmenden Leere ist die Krankheit unserer Zeit. Viktor E. Frankl hat ein therapeutisches Konzept entwickelt, mit dem er dieses existentielle Vakuum erfolgreich behandelt. Hier gewährt er einen Einblick in sein Denken und in seine Praxis. Der weltbekannte Logotherapeut zeigt an vielen Beispielen, wie das Leiden am sinnlosen Leben heilbar wird. „Die Ansichten, die Professor Frankl in diesem und in seinen anderen Büchern vertritt, bedeuten den wichtigsten Beitrag auf dem Gebiet der Psychotherapie seit den Tagen von Freud, Adler und Jung. Und sein Stil ist bei weitem lesbarer“ (Sir Cyril Burt, Präsident der British Psychological Society).
„Dieser Band ist so dicht, so erfüllt von glühendem Humanismus, so reich an Dokumentation, und seine kritischen Stellungnahmen sind so besonnen, daß er minuziös gelesen zu werden verdient, Seite für Seite“ (Annales médico-psychologiques).

Der Autor

Viktor E. Frankl, Professor für Neurologie und Psychiatrie an der Universität Wien, „Professor of Logotherapy“ an der United States International University in Kalifornien, ist Begründer der „Logotherapie“. Frankl war auch Professor an der Harvard University, an der Stanford University sowie an den Universitäten Dallas (Texas) und Pittsburgh. Frankls 29 Bücher sind in 22 Sprachen übersetzt – einschließlich Chinesisch, Japanisch und Russisch. Allein von seinem amerikanischen Buch „Man's Search for Meaning“ sind mehr als vier Millionen Exemplare verkauft worden. Frankls erste Publikation erschien bereits 1924 in der „Internationalen Zeitschrift für Psychoanalyse“, und zwar auf eine ausdrückliche Empfehlung von Sigmund Freud hin. Vortragsreisen, zu denen ihn insgesamt 208 Universitäten eingeladen hatten, führten Frankl nach Amerika, Australien, Asien und Afrika. 21 Universitäten verliehen ihm Ehrendoktorate.

Viktor E. Frankl

Das Leiden am sinnlosen Leben

Psychotherapie für heute

Herder
Freiburg · Basel · Wien

Neuausgabe 1991

Erstausgabe als Herdertaschenbuch 1977
Herstellung: Freiburger Graphische Betriebe 1991
Umschlaggestaltung: Joseph Pölzelbauer
Umschlagmotiv: Edward Hopper, Room in New York, 1932 (Detail)
University of Nebraska, Art Galleries, Collection F. M. Hall.
ISBN 3-451-04030-1

In memoriam Leo Baeck

1873–1956

Inhalt

Einleitung

Das Leiden am sinnlosen Leben

Nach Vorträgen, gehalten in Warschau auf Einladung der Polnischen Gesellschaft für Psychiatrie, in der Aula der Universität Zürich auf Einladung der Limmat-Stiftung und in München auf Einladung der Carl-Friedrich-von-Siemens-Stiftung*.

Jede Zeit hat ihre Neurose – und jede Zeit braucht ihre Psychotherapie.

Tatsächlich sind wir heute nicht mehr wie zur Zeit von Freud mit einer sexuellen, sondern mit einer existentiellen Frustration konfrontiert. Und der typische Patient von heute leidet nicht mehr so sehr wie zur Zeit von Adler an einem Minderwertigkeitsgefühl, sondern an einem abgründigen Sinnlosigkeitsgefühl, das mit einem Leeregefühl vergesellschaftet ist – weshalb ich von einem existentiellen Vakuum spreche.

Nehmen wir einen Brief her, den mir ein amerikanischer Student geschrieben hat und aus dem ich hier bloß zwei Sätze zitieren möchte – in deutscher Übertragung: „Ringsum bin ich hier in Amerika umgeben von jungen Leuten meines Alters, die verzweifelt nach einem Sinn ihres Daseins suchen. Einer meiner besten Freunde starb unlängst, weil er eben einen solchen Sinn nicht hatte finden können." Und meine Erfahrungen an amerikani-

* Der Einleitung wurde der Titel „Das Leiden am sinnlosen Leben" zugedacht, da sie sich auf weite Strecken an zwei Vorträge mit demselben Titel hält, deren erster, gehalten in der Aula der Universität Zürich, in Form von Videotapes und Audiotapes von der Limmat-Stiftung (Rosenbühlstraße 32, CH-8044 Zürich) zur Verfügung gestellt wird, während der zweite in Form von Kassetten von der Österreichischen Phonothek (Webgasse 2a, A-1060 Wien) – einer Dienststelle des Wissenschaftsministeriums – angeboten wird. Durch die Limmat-Stiftung sind auch Sonderdrucke eines in der Schweizerischen Akademiker- und Studenten-Zeitung erschienenen Aufsatzes „Das Leiden am sinnlosen Leben" zu beziehen, dem eine unveränderte Niederschrift der Tonbandaufnahme zugrunde liegt.

schen Universitäten – immerhin sind es bisher 129 allein innerhalb der USA, an denen ich Vorträge zu halten und so denn auch mit den Studenten Kontakt zu gewinnen Gelegenheit hatte –, diese Erfahrungen sprechen dafür, daß die zitierte Briefstelle repräsentativ ist, soweit es um die Grundstimmung und das Lebensgefühl geht, von denen die akademische Jugend heute beherrscht ist.

Aber nicht nur etwa sie. Hinsichtlich der Generation der Erwachsenen beschränke ich mich darauf, auf das Ergebnis von Untersuchungen hinzuweisen, die Rolf von Eckartsberg an Absolventen der Harvard University durchführen konnte: 20 Jahre nach ihrer Graduierung klagte ein erheblicher Prozentsatz dieser Leute – die inzwischen entsprechend Karriere gemacht hatten, aber auch darüber hinaus ein nach außen hin durchaus geordnetes und glückliches Leben führten – über ein abgründiges Gefühl letztlicher Sinnlosigkeit.

Und es mehren sich die Anzeichen dafür, daß sich das Sinnlosigkeitsgefühl immer mehr ausbreitet. Seine Präsenz wird heute bereits auch von den rein psychoanalytisch ausgerichteten Kollegen ebenso wie von marxistischer Seite bestätigt. So wurde auf einem internationalen Treffen der Anhänger von Freud vor kurzem erst übereinstimmend hervorgehoben, daß sie immer mehr mit Patienten konfrontiert werden, deren Beschwerden im wesentlichen in einem Gefühl totaler Inhaltslosigkeit, ihr Leben betreffend, bestehen. Ja, die Kollegen gingen so weit, daß sie vermuteten, in nicht wenigen Fällen sogenannter unabschließbarer Analysen sei eben die psychoanalytische Behandlung an sich und als solche, faute de mieux sozusagen, zum alleinigen Lebensinhalt geworden.

Was die marxistischen Kreise anlangt, sei nur Vymetal, der seinerzeitige Chef der Psychiatrischen Universitätsklinik von Olmütz (ČSSR) genannt, der – im Anschluß an andere Autoren aus der Tschechoslowakei sowie der Deutschen Demokratischen Republik – auf die Präsenz der existentiellen Frustration in kommunistischen Ländern ausdrücklich aufmerksam machte und, um diesem Phänomen beikommen zu können, auch die Forderung nach neuen therapeutischen Ansätzen erhob.

Schließlich wäre auch Klitzke hier anzuführen, ein amerikanischer Gastprofessor an einer afrikanischen Universität, der erst kürzlich in einem im „American Journal of Humanistic Psychology" erschienenen Bericht („Students in Emerging Africa – Logotherapy in Tanzania") bestätigen konnte, daß in der dritten Welt das existentielle Vakuum, zumal und zumindest in der akademischen Jugend, sich deutlich bemerkbar und geltend macht. Einen analogen Hinweis verdanken wir Joseph L. Philbrick („A Cross-Cultural Study of Frankl's Theory of Meaning-in-Life").

Wenn ich gefragt werde, wie ich mir die Heraufkunft dieses existentiellen Vakuums erkläre, dann pflege ich die folgende Kurzformel anzubieten: Im Gegensatz zum Tier sagen dem Menschen keine Instinkte, was er muß, und im Gegensatz zum Menschen von gestern sagen dem Menschen von heute keine Traditionen mehr, was er soll. Nun, weder wissend, was er muß, noch wissend, was er soll, scheint er oftmals nicht mehr recht zu wissen, was er im Grunde will. So will er denn nur das, was die anderen tun – Konformismus! Oder aber er tut nur das, was die anderen wollen – *von ihm* wollen – Totalitarismus*.

Nur daß wir aber über diesen beiden Folgeerscheinungen eine dritte nicht übersehen und vergessen dürfen, und zwar meine ich einen spezifischen Neurotizismus, nämlich das Auftreten der von mir als solche bezeichneten *„noogenen Neurose"*. Im Gegensatz zur Neurose im engeren Wortsinn, die per definitionem eine psychogene Erkrankung darstellt, geht diese noogene Neurose nicht auf Komplexe und Konflikte im herkömmlichen Sinne zurück, sondern auf Gewissenskonflikte, auf Wertkollisionen und, last but not least, auf eine existentielle Frustration, die das eine oder andere Mal eben auch in neurotischer Symptomatologie ihren Ausdruck und Niederschlag finden kann. Und es ist James C. Crumbaugh, dem Leiter eines psychologischen Labo-

---

* Wie Diana Young, eine Dissertantin an der Universität von Berkeley, mit Tests und Statistiken nachweisen konnte, ist das Sinnlosigkeitsgefühl unter jungen Leuten signifikant mehr verbreitet als unter älteren. Womit sich aber auch schon unsere Theorie vom Traditionsverlust als einer der beiden Ursachen für die Heraufkunft des Sinnlosigkeitsgefühls bestätigt hätte; denn nach dieser Theorie *muß* die für den jungen Menschen so charakteristische Lossagung von der Tradition das Sinnlosigkeitsgefühl intensivieren.

ratoriums in Mississippi, zu verdanken, daß wir auch schon über einen Test verfügen (den PIL oder Purpose in Life-Test), der von ihm eigens zu dem Zwecke ausgearbeitet wurde, um die noogene Neurose von der psychogenen diagnostisch differenzieren zu können (erhältlich durch Psychometric Affiliates, Post Office Box 3167, Munster, Indiana 46321, USA). Nachdem er die gewonnenen Daten unter Zuhilfenahme eines Computers ausgewertet hatte, gelangte er zu dem Ergebnis, daß es sich bei der noogenen Neurose tatsächlich um ein neues Krankheitsbild handelt, das nicht nur diagnostisch, sondern auch therapeutisch den Rahmen der traditionellen Psychiatrie sprengt.

Was die Frequenz der noogenen Neurose anlangt, so sei auf die Ergebnisse statistischer Forschung verwiesen, wie sie Niebauer und Lukas in Wien, Frank M. Buckley in Worcester, Mass., USA, Werner in London, Langen und Volhard in Tübingen, Prill in Würzburg, Popielski in Polen und Nina Toll in Middletown, Conn., USA, erarbeitet haben. Testuntersuchungen haben übereinstimmend ergeben, daß mit etwa 20 Prozent noogener Neurosen zu rechnen ist.

Zuletzt wurde von Elisabeth Lukas ein neuer Test zwecks exakterer Erfassung der existentiellen Frustration – und zwecks Gewinnung von Möglichkeiten, gegebenenfalls nicht nur therapeutisch, sondern auch schon prophylaktisch einzugreifen! – erarbeitet: der „Logo-Test“ (Zur Validierung der Logotherapie, in: Frankl, Der Wille zum Sinn, Hans Huber, Bern 1972).

Statistiker haben nachgewiesen, daß unter den amerikanischen Studenten als zweithäufigste Todesursache – nach dem Verkehrsunfall – der Selbstmord rangiert. Dabei ist die Zahl der (nicht tödlich ausgegangenen) Selbstmord*versuche* 15mal höher.

Nun wurde mir eine bemerkenswerte Statistik hinterbracht, die sich auf 60 Studenten an der Idaho State University bezieht, die nach solchen Selbstmordversuchen auf das genaueste befragt wurden, was das Motiv anbelangt, und da ergab sich, daß 85 Prozent in ihrem Leben keinen Sinn mehr sehen konnten; von diesen aber waren 93 Prozent physisch und psychisch gesund, sie lebten in guten wirtschaftlichen Verhältnissen und im besten Einvernehmen mit ihrer Familie, sie waren im gesellschaftlichen Leben aktiv engagiert und konnten auch mit ihren akademischen Fortschritten zufrieden sein. Von mangelhafter Bedürfnisbefriedigung konnte jedenfalls nicht die Rede sein. Nur um so mehr müssen wir uns aber fragen, was „die Bedingung der Möglichkeit" solcher Selbstmordversuche ist – was muß in die „condition humaine" eingebaut sein, damit es jemals zu so etwas wie einem Selbstmordversuch trotz der Befriedigung ubiquitärer Bedürfnisse kommen kann. Nun, das ist nur denkbar, wenn der Mensch eigentlich – und dort, wo er es nicht mehr ist, so doch wenigstens ursprünglich – darauf aus ist, in seinem Leben einen Sinn zu finden und diesen Sinn zu erfüllen. Das ist es auch, was wir in der Logotherapie mit dem motivationstheoretischen Konzept eines „Willens zum Sinn" umschreiben. Auf den ersten Blick will es freilich scheinen, als ob es sich da um eine Überschätzung des Menschen handelte – als ob wir ihn auf ein zu hohes Piedestal stellten. In diesem Zusammenhang fällt mir aber immer ein, was mir mein kalifornischer Fluglehrer gesagt hat:

„Angenommen, ich will nach Osten fliegen, während ein Seitenwind von Norden kommt, dann würde ich mit meinem Flugzeug nach Südosten abgetrieben werden; steuere ich hingegen die Maschine nach Nordosten, dann fliege ich tatsächlich nach Osten und lande dort, wo ich landen will." Ergeht es uns aber mit dem Menschen nicht ebenso? Nehmen wir ihn einfach so, wie er ist, dann machen wir ihn schlechter; nehmen wir ihn hingegen so, wie er sein soll, dann machen wir ihn zu dem, der er werden kann. Das hat mir allerdings nicht mein kalifornischer Fluglehrer gesagt, sondern das ist ein Wort von Goethe.

Wie man weiß, gibt es eine sogenannte – sich als solche bezeichnende „Tiefenpsychologie". Wo aber bleibt die „Höhenpsychologie" – die den Willen zum Sinn mit in ihr Gesichtsfeld einbezieht? Jedenfalls läßt sich der Wille zum Sinn nicht als ein bloßes Desiderat abtun, als „wishful thinking". Eher handelt es sich um eine „self-fulfilling prophecy", wie die Amerikaner eine Arbeitshypothese nennen, die das, was sie entwirft, zu guter Letzt auch hervorbringt. Und wir Ärzte erleben das ja täglich und stündlich, sprechstündlich. So etwa, wenn wir einem Patienten den Blutdruck messen und feststellen, daß dieser 160 beträgt. Fragt uns der Patient nach der Höhe des Blutdrucks, und wir sagen ihm „160", dann haben wir ihm schon längst nicht mehr die Wahrheit gesagt, denn der Patient regt sich daraufhin auf und hat sogleich einen Blutdruck von 180. Sagen wir ihm hingegen, der Blutdruck sei praktisch normal, dann haben wir den Patienten nicht angelogen, sondern erleichtert aufatmend wird er uns gestehen, er hätte sich vor einem Schlaganfall gefürchtet, aber anscheinend sei diese seine Furcht grundlos gewesen, und wenn wir jetzt den Blutdruck nachmessen, können wir feststellen, daß er inzwischen auch wirklich auf einen normalen Wert heruntergesunken ist.

Dabei hat sich ja ohnehin herausgestellt, daß sich das Konzept vom Willen zum Sinn auch rein empirisch durchaus verifizieren läßt. Ich verweise nur auf die Arbeiten von Crumbaugh und Maholick (Ein psychometrischer Ansatz zu Viktor Frankls Konzept der „noogenen Neurose", in: Nikolaus Petrilowitsch, Die Sinnfrage in der Psychotherapie, Darmstadt 1972) sowie Elisabeth S. Lukas, die eigene Tests entwickelt haben, um den Willen zum Sinn zu quantifizieren, und Dutzende von Dissertationen haben – hauptsächlich mit Hilfe dieser Tests – die Motivationstheorie der Logotherapie validieren können.

Auf all dies kann ich innerhalb der mir gesteckten Grenzen nicht eingehen. Ich kann es mir aber ebensowenig versagen, Forschungsergebnisse in die Debatte zu ziehen, die *nicht* von Schülern von mir erstellt wurden. Wer wollte also am Willen zum Sinn – wohlgemerkt: nicht mehr und nicht weniger als der spezifisch humanen Motivation! – zweifeln, wenn er den Bericht des American Council on Education zur Hand nimmt, demzufolge unter 189733 Studenten an 360 Universitäten das primäre Interesse von 73,7 Prozent dem Ziele galt, „sich zu einer Weltanschauung durchzuringen, von der aus das Leben sinnvoll ist". Oder nehmen wir einen Bericht des National Institute of Mental Health: Unter 7948 Studenten an 48 Hochschulen wollte die Spitzengruppe (78 Prozent) „in ihrem Leben einen Sinn finden".

Dergleichen gilt aber auch von Erwachsenen und nicht nur von jungen Leuten. Das University of Michigan Survey Research Center veranstaltete eine Befragung von 1533 Arbeitern hinsichtlich des Wertes, den sie der Arbeit beimessen. Die Befragung ergab, daß gute Bezahlung erst an fünfter Stelle rangierte. Die Gegenprobe aufs Exempel steuert der Psychiater Robert Coles bei: die Arbeiter, mit denen zu sprechen er Gelegenheit hatte, klagten in erster Linie über ein Sinnlosigkeitsgefühl. So läßt sich verstehen, daß Joseph Katz von der State University of New York prophezeit, die nächste Welle von Personal, das in die Industrie eintreten wird, werde nur an Berufen interessiert sein, die nicht nur Geld abwerfen, sondern auch Sinn geben.

Selbstverständlich wünscht sich jemand, der krank ist, zunächst einmal, gesund zu werden, und jemand, der arm ist, zunächst einmal, zu Geld zu kommen („wenn ich doch nur reich wär'", singt der Milchmann in „Anatevka"). Aber ebenso gewiß tun es beide ja nur, um dann ein Leben *in ihrem Sinne* führen – den Sinn ihres Lebens erfüllen zu können!

Bekanntlich hat Maslow zwischen niederen und höheren Bedürfnissen unterschieden und gemeint, die Befriedigung der niederen Bedürfnisse sei die Bedingung, unter der allein die höheren Bedürfnisse befriedigt werden können. Zu den höheren Bedürfnissen rechnet er auch den Willen zum Sinn und geht sogar so weit, daß er ihn als die „primäre Motivation des Menschen" bezeichnet. Das liefe allerdings darauf hinaus, daß der Mensch den Anspruch auf einen Sinn des Lebens erst dann anmeldet, wenn es ihm gutgeht („erst kommt das Fressen, dann kommt die Moral"). Dem steht aber entgegen, daß wir – und nicht zuletzt wir Psychiater – immer wieder zu beobachten Gelegenheit haben, wie das Bedürfnis und die Frage nach einem Lebenssinn gerade dann aufflammen, wenn es einem am dreckigsten geht. Das können die Sterbenden unter unseren Patienten ebenso bezeugen wie die Überlebenden der Konzentrations- und Kriegsgefangenenlager!

Auf der anderen Seite beschwört selbstverständlich nicht nur die Frustration der niederen Bedürfnisse die Sinnfrage herauf, sondern auch die *Befriedigung* der niederen Bedürfnisse, etwa im Rahmen der „affluent society" (siehe Seite 32). Wir gehen wohl nicht fehl, wenn wir in diesem scheinbaren Widerspruch eine Bestätigung unserer Hypothese erblicken, der zufolge der Wille zum Sinn eine Motivation sui generis repräsentiert, die sich weder auf andere Bedürfnisse zurückführen noch von ihnen herleiten läßt (wie dies ja bereits von Crumbaugh und Maholick beziehungsweise Kratochvil und Planova auch empirisch bewiesen werden konnte).

Wir begegnen da einem Phänomen am Menschen, das ich für fundamental anthropologisch halte: die Selbst-Transzendenz menschlicher Existenz! Was ich damit umschreiben will, ist die Tatsache, daß Menschsein allemal über sich selbst hinausweist auf etwas, das nicht wieder es selbst ist – auf etwas oder auf jemanden: auf einen Sinn, den zu erfüllen es gilt, oder auf anderes menschliches Sein, dem wir da liebend begegnen. Im Dienst an einer Sache oder in der Liebe zu einer Person erfüllt der Mensch sich selbst. Je mehr er aufgeht in seiner Aufgabe, je mehr er hingegeben ist an seinen Partner, um so mehr ist er Mensch, um so mehr wird er er selbst. Sich selbst verwirklichen kann er also eigentlich nur in dem Maße, in dem er sich selbst vergißt, in dem er sich selbst übersieht. Ist es nicht wie beim Auge, dessen Sehtüchtigkeit davon abhängt, daß es nicht sich selbst sieht? Wann sieht denn das Auge etwas von sich selbst? Doch nur, wenn es erkrankt ist: Wenn ich an einem grauen Star leide, dann sehe ich eine Wolke – und damit nehme ich meine Linsentrübung wahr. Und wenn ich an einem grünen Star leide, dann sehe ich einen Hof von Regenbogenfarben rings um die Lichtquellen – das ist mein grüner Star. Im gleichen Maße ist aber auch die Fähigkeit meines Auges, die Umwelt wahrzunehmen, geschmälert und beeinträchtigt.

Hier soll jedoch von einem der (insgesamt 90) Teilergebnisse die Rede sein, die wir der empirischen Forschung von Frau Lukas verdanken: es zeigte sich nämlich, daß unter den Besuchern des berühmten Wiener Praters, also eines Vergnügungsparks, der objektivierte Pegel existentieller Frustration signifikant höher war als in der Wiener Durchschnittsbevölkerung (wo er sich in ziemlich gleicher Höhe hält im Vergleich zu den von amerikanischen und japanischen Autoren gemessenen und veröffentlichten Werten). Mit anderen Worten, der Mensch, der so besonders auf Genuß und Vergnügen aus ist, erweist sich letzten Endes als einer, der hinsichtlich seines Willens zum Sinn, also – um wieder mit Maslow zu sprechen – in seinem „primären“ Anliegen, frustriert geblieben war.

Mich erinnert dies immer wieder an einen amerikanischen Witz, dem zufolge ein Mann auf der Straße seinen Hausarzt trifft, der sich dann nach seines Patienten Befinden erkundigt. Es zeigt sich aber alsbald, daß dieser Patient in letzter Zeit ein wenig schwerhörig geworden ist. „Wahrscheinlich trinken Sie zuviel“, ermahnt ihn sein Hausarzt. Ein paar Monate später begegnen sie einander wieder auf der Straße, und abermals erkundigt sich der Arzt nach dem Befinden seines Patienten und hebt zu diesem Zweck seine Stimme. „Oh“, meint der nun, „Sie brauchen nicht so laut zu sprechen: ich höre wieder ausgezeichnet.“ „Wahrscheinlich haben Sie auch aufgehört zu trinken“, meint der Arzt, „so ist's recht – nur so weiter.“ Wieder ein paar Monate später: „Wie geht's Ihnen?“ „Wie bitte?“ „Wie es Ihnen geht, frage ich.“ Endlich versteht der Patient. „Nun, Sie sehen, ich höre wieder schlechter.“ „Wahrscheinlich haben Sie wieder zu trinken begonnen.“ Woraufhin der Patient dem Arzt alles erklärt: „Schauen Sie: zuerst hab' ich getrunken und schlecht gehört; dann hab' ich aufgehört zu trinken und wieder besser gehört; aber was ich gehört hab', war nicht so gut wie Whisky.“ Wir können also sagen: In Ermangelung eines Lebenssinnes, dessen Erfüllung den Mann glücklich gemacht hätte, versuchte er, ein solches Glücksgefühl *unter Umgehung* jeder Sinnerfüllung herbeizuführen, und zwar auf dem Umweg über die Chemie. Tatsächlich läßt sich das Glücksgefühl, das normalerweise menschlichem Streben gar nicht als Ziel vorschwebt, vielmehr lediglich eine Begleiterscheinung des Sein-Ziel-erreicht-Habens vorstellt – diese Begleiterscheinung, dieser „Effekt“, läßt sich auch „haschen“, und die Einnahme von Äthylalkohol macht es möglich. B. A. Maki, der Direktor des Naval Alcohol Rehabilitation Center, stellt etwa fest: „In treating the alcoholic, we very often find that life has seemed to have lost meaning for the individual.“ Eine Schülerin von mir an der United States International University in San Diego konnte im Zuge ihrer Forschungen, deren Ergebnisse sie dann in Dissertationsform zusammenfaßte, den Nachweis dafür erbringen, daß in 90 Prozent der von ihr untersuchten chronischen Fälle von schwerem Alkoholismus ein ausgesprochenes Sinnlosigkeitsgefühl vorlag: Nur um so verständlicher ist es, daß Crumbaugh mit einer auf die existentielle Frustration eingehenden Gruppen-Logotherapie in Fällen von Alkoholismus größeren Erfolg vorweisen konnte als im Rahmen von Kontrollgruppen, die mit konventionellen Therapiemethoden behandelt worden waren.

Analoges gilt von der Drogenabhängigkeit. Wenn wir Stanley Krippner glauben dürfen, dann liegt das Sinnlosigkeitsgefühl in 100% der Fälle der Drogenabhängigkeit zugrunde. In 100% der Fälle wurde nämlich die Frage, ob ihnen denn nicht alles sinnlos vorkomme, bejahend beantwortet. Eine meiner Dissertantinnen, Betty Lou Padelford, wies ebenso wie Shean und Fechtman nach, daß die existentielle Frustration bei Drogenabhängigen in einem mehr als doppelt so hohen Grade getestet werden konnte wie bei einer Vergleichsgruppe. Wieder ist es verständlich, wenn Fraiser, der in Kalifornien ein Rehabilitationszentrum für Drogenabhängige leitet und dort die Logotherapie eingeführt hat, nicht die durchschnittliche Erfolgsrate von 11 Prozent, sondern eine von 40 Prozent verzeichnen konnte.

Schließlich wären in diesem Zusammenhang Black and Gregson aus Neuseeland zu zitieren, denen zufolge Kriminelle in wesentlich stärkerem Maße existentiell frustriert waren als die Durchschnittsbevölkerung. Dazu paßt, daß Barber bei jugendlichen Kriminellen, die in sein kalifornisches Rehabilitationszentrum eingeliefert und dort logotherapeutisch behandelt worden waren, die durchschnittliche Rückfallsrate von 40 Prozent auf 17 Prozent senken konnte.

Wir dürfen aber auch noch einen Schritt weitergehen und unsere Überlegungen und Erwägungen auf den planetarischen Maßstab erweitern, und das hieße, uns fragen, ob nicht auch auf dem Gebiet der Friedensforschung eine Umorientierung not tut. Tatsächlich klebt sie seit Jahr und Tag an der Problematik aggressiver Potentiale, seien sie nun im Sinne von Sigmund Freud zu verstehen oder aber in dem von Konrad Lorenz. Eigentlich verbleiben wir aber nach wie vor, mit beiden Fragestellungen, in einer subhumanen Dimension, und der Einstieg in die humane

Dimension wird noch gar nicht gewagt. Innerhalb der Dimension der eigentlich menschlichen Phänomene jedoch – in der allein wir so etwas wie dem Willen zum Sinn zu begegnen vermöchten – könnte sich sehr wohl herausstellen, daß es letzten Endes wieder die Frustrierung ebendieses Sinnwillens, die existentielle Frustration und das immer mehr um sich greifende Sinnlosigkeitsgefühl sind, was – wohlgemerkt: nicht beim Tier, sondern beim Menschen, auf menschlicher Ebene! – die Aggressivität fördert, wo nicht überhaupt erst etabliert.

Sowohl der psychologisch unterbaute Begriff der Aggression im Sinne der Psychoanalyse von Sigmund Freud als auch der biologisch untermauerte im Sinne der Vergleichenden Verhaltensforschung von Konrad Lorenz entbehren des Hinblicks auf die Intentionalität, die das menschliche Seelenleben und so denn auch das menschliche Triebleben als solches, als menschliches, charakterisiert. In der Dimension der menschlichen Phänomene gibt es einfach nicht eine Aggression, die in einer bestimmten Menge da ist, auf ein Ventil drängt und mich, „ihr hilfloses Opfer", dazu treibt, nach irgendwelchen Objekten Ausschau zu halten, an denen ich sie endlich einmal auslassen, „abreagieren" könnte. Mag die Aggression auch noch so sehr biologisch präformiert und psychologisch substruiert sein: auf menschlicher Ebene lasse ich sie eingehen, lasse ich sie (im Sinne von Hegel) „aufgehen" in etwas ganz anderes: auf menschlicher Ebene *hasse* ich! Und der Haß ist, eben im Gegensatz zur Aggression, intentional gerichtet auf etwas, das ich hasse.

Haß und Liebe sind menschliche Phänomene, weil sie intentional sind, weil der Mensch jeweils Grund hat, etwas zu hassen und jemanden zu lieben. Es handelt sich jeweils um einen Grund, auf den hin er es tut, und nicht um eine (psychologische oder biologische) Ursache, die „hinter seinem Rücken" und „über seinen Kopf hinweg" Aggressivität und Sexualität zur Folge hat (mit einer biologischen Ursache haben wir es etwa im Falle der Experimente von W. R. Hess zu tun, in deren Rahmen er von Elektroden aus, die in subkortikale Zentren des Katzengehirns versenkt worden waren, Wutanfälle auslösen konnte).

Wie wenig würden wir doch den Widerstandskämpfern gegen

den Nationalsozialismus gerecht, wenn wir sie für die Opfer „aggressiver Potentiale“ hielten, die sich mehr oder minder zufällig gegen Adolf Hitler gerichtet hatten. Im Grund meinten sie mit ihrem Kampf gar nicht ihn, sondern eben den Nationalsozialismus, ein System. Sie wandten sich nicht gegen eine Person, sondern gegen eine Sache. Und im Grunde sind wir erst dann, wenn wir in diesem Sinne „sachlich“ sein können, auch wirklich menschlich. Gar erst dort, wo wir aus solcher Sachlichkeit heraus imstande sind, für eine Sache nicht nur zu leben, sondern auch zu sterben.

Solange die Friedensforschung nur das subhumane Phänomen „Aggression“ interpretiert und nicht das humane Phänomen „Haß“ analysiert, ebenso lange ist sie zur Sterilität verurteilt. Der Mensch wird nicht zu hassen aufhören, wenn man ihm einredet, daß er von Mechanismen und Impulsen beherrscht wird. Dieser Fatalismus weiß nicht darum, daß, wann immer ich aggressiv bin, nicht die Mechanismen und Impulse zählen, die es in mir, die es in meinem Es geben mag, sondern daß ich es bin, der da haßt, und daß es dafür keine Entschuldigung gibt, sondern nur Verantwortung.

Dazu kommt, daß das Gerede von den „aggressiven Potentialen“ nahelegt, sie kanalisieren und sublimieren zu wollen. Wie Verhaltensforscher aus der Schule Konrad Lorenz jedoch nachweisen konnten, wird Aggressivität, die – etwa auf dem Fernsehschirm – auf harmlose Objekte abgelenkt und an ihnen abreagiert werden soll, in Wirklichkeit überhaupt erst provoziert und, wie ein Reflex, solcherart nur noch mehr gebahnt.

Des weiteren berichtete die Soziologin Carolyn Wood Sherif, daß die volkstümliche Vorstellung, der sportliche Wettkampf sei ein Ersatzkrieg ohne Blutvergießen, falsch ist: Drei Gruppen Jugendlicher in einem abgeschlossenen Camp hätten gerade durch sportliche Wettkämpfe Aggressionen gegeneinander aufgebaut, statt sie abzubauen. Die Pointe kommt aber erst: Ein einziges Mal waren unter den Lagerinsassen die gegenseitigen Aggressionen wie hinweggefegt, und das war der Fall, als die jungen Leute einen im lehmigen Boden steckengebliebenen Karren, mit dem die Lebensmittel in das Lager transportiert werden sollten, mobilisieren mußten; die wenn auch anstrengende, so doch sinnvolle „Hingabe an eine Aufgabe“ hatte sie ihre Aggressionen buchstäblich „vergessen“ lassen.

Hier sehe ich viel eher noch einen fruchtbaren Ansatz zur Friedensforschung als in dem endlosen Wiederkäuen des Geredes von aggressiven Potentialen, mit welchem Konzept man die Menschen glauben macht, Gewalt und Krieg seien Schicksal.

Ich bin andernorts (Existentielle Frustration als ätiologischer Faktor in Fällen von aggressivem Verhalten, in: Festschrift für Richard Lange zum 70. Geburtstag, Walter de Gruyter, Berlin 1976) auf diese Thematik eingegangen und begnüge mich hier damit, sie anzudeuten und Robert Jay Lifton – einem internationalen Experten auf diesem Gebiet – das Wort zu überlassen, der in seinem Buch „History and Human Survival“ folgendes schreibt: „Menschen sind am ehesten daran, zu töten, wenn sie sich in einer Sinnleere befinden.“ In der Tat: aggressive Impulse scheinen nicht zuletzt dort zu wuchern, wo ein existentielles Vakuum vorliegt.

Was von der Kriminalität gilt, läßt sich auch auf die Sexualität anwenden: *Nur in ein existentielles Vakuum hinein wuchert die sexuelle Libido.* Diese Hypertrophie ins Vakuum hinein erhöht nun die Bereitschaft zu sexualneurotischen Reaktionen. Denn was vom Glück und dessen „Effekt“-Charakter gesagt wurde, gilt nicht weniger von der sexuellen Lust: *Je mehr es einem um die Lust geht, um so mehr vergeht sie einem auch schon.* Und auf Grund jahrzehntelanger klinischer Erfahrung wage ich zu behaupten, daß Störungen von Potenz und Orgasmus in der Majorität der Fälle auf ebendieses Reaktionsmuster zurückzuführen sind, also darauf, daß die Sexualität genau in dem Maße gestört ist, in dem sich Absicht und Aufmerksamkeit ihrer bemächtigen. Je mehr die Aufmerksamkeit vom Partner abgewendet und dem Sexualakt selbst zugewendet wird, um so mehr ist der Sexualakt auch schon gehandikapt. Dies beobachten wir etwa in all jenen Fällen, in denen es unseren männlichen Patienten in erster Linie darum zu tun ist, ihre Potenz zu demonstrieren, oder in denen unsere weiblichen Patienten in erster Linie ein Interesse daran haben, sich selbst zu beweisen, daß sie auch wirklich eines vollen

Orgasmus fähig und nicht am Ende frigid sind. Wir sehen, wieder wird nach etwas „gehascht", das normalerweise „Effekt" ist – und eben auch bleiben muß, wofern es nicht auch schon zerstört werden soll.

Diese Gefahr droht nun um so mehr, als die Sexualität ja auch im großen Maßstab ins existentielle Vakuum hinein wuchert. Sind wir doch heute mit einer sexuellen Inflation konfrontiert, die – wie jede Inflation, auch die auf dem Geldmarkt – mit einer Entwertung Hand in Hand geht. Und zwar wird die Sexualität insofern entwertet, als sie entmenschlicht wird. Denn *menschliche Sexualität ist mehr als bloße Sexualität,* und mehr als bloße Sexualität ist sie in dem Grade, in dem sie – auf menschlicher Ebene – Vehikel transsexualer, personaler Beziehungen ist (die sich natürlich nicht wieder in das Prokrustes-Bett von Klischees, wie „zielgehemmte Strebungen" oder „bloße Sublimierungen", hineinzwängen lassen, nur weil man lieber die Realität verleugnet, sobald sie einmal den Rahmen populärer Vereinfachungen sprengt). (Eibl-Eibesfeldt hat nachzuweisen vermocht, daß nicht nur auf der humanen, sondern bereits auf einer subhumanen Ebene diese Umfunktionierung stattfindet: Auch tierische Sexualität kann mehr sein als bloße Sexualität. Zwar steht sie nicht wie die menschliche im Dienste personaler Beziehungen, sehr wohl aber dient beispielsweise die Bindungskopulation des Mantelpavians einem sozialen Zweck, wie denn überhaupt „bei Wirbeltieren sexuelle Verhaltensweisen verschiedentlich in den Dienst der Gruppenbindung gestellt" werden.)

Es wäre sogar im ureigensten Interesse derjenigen gelegen, denen es letzten Endes um nichts anderes zu tun ist als den sexuellen Genuß und das sexuelle Vergnügen, wenn sie dafür sorgten, daß ihre sexuellen Kontakte eingebettet blieben in eine über das bloße Sexuelle hinausgehende Beziehung zum Partner, also wenn sie auf die menschliche Ebene angehoben würden. Auf menschlicher Ebene aber kommt der Sexualität eine Ausdrucksfunktion zu: auf menschlicher Ebene ist sie Ausdruck einer Liebesbeziehung, „Inkarnation" – Fleischwerdung – von so etwas wie Liebe oder auch nur Verliebtsein. Daß die Sexualität erst dann auch wirklich beglückend sein kann, hat sich zuletzt an den Ergebnissen einer Umfrage gezeigt, die von der amerikanischen Zeitschrift „Psychology Today" veranstaltet worden war: 20000 Antworten auf die Frage, was Potenz und Orgasmus wohl am intensivsten stimulierte, ergaben als verläßlichstes Stimulans „romanticism", also Verliebtsein in den Partner, wo nicht mehr: Liebe zu ihm.

Aber nicht nur in Richtung auf die Person des Partners wäre, vom Standpunkt einer Prophylaxe der Sexualneurosen aus betrachtet, die möglichste „Personierung" der Sexualität wünschenswert, sie ist es auch in Richtung auf die eigene Person. Die normale sexuelle Entwicklung und Reifung des Menschen läuft auf eine zunehmende *Integrierung* der Sexualität ins Gesamtgefüge der eigenen Person hinaus. Daraus erhellt, daß umgekehrt jede *Isolierung* der Sexualität allen Integrierungstendenzen zuwiderläuft und damit auch neurotisierenden Tendenzen Vorschub leistet. Die Desintegrierung der Sexualität – das Sie-Herausbrechen aus dem personalen und interpersonalen transsexualen Zusammenhang – bedeutet eine Regression.

Aber hinter solchen regressiven Tendenzen wittert die *sexuelle Vergnügungsindustrie* ihre einmalige Chance, ein einzigartiges Geschäft. Und der *Tanz um das Goldene Schwein* setzt nun ein. Wieder vom Standort einer Prophylaxe der Sexualneurosen gesehen ist das Bedenkliche daran der *sexuelle Konsumationszwang*, der von der *Aufklärungsindustrie* ausgeht. Wir Psychiater erfahren es immer wieder von unseren Patienten, wie sehr sie sich unter dem Druck einer von dieser Aufklärungsindustrie manipulierten öffentlichen Meinung nachgerade verpflichtet fühlen, sich fürs Sexuelle um seiner selbst willen, also im Sinne einer depersonalisierten und dehumanisierten Sexualität, zu interessieren. Aber wir Psychiater wissen auch darum, wie sehr all dies gerade dazu angetan ist, Potenz und Orgasmus zu schwächen. Und wer dann sein Heil in den Raffinements einer *„Liebes"-Technik* sieht, den bringt sie nur noch um den Rest jener Spontaneität, jener Unmittelbarkeit, jener Selbstverständlichkeit, jener Unbefangenheit, die eine Bedingung und Voraussetzung normalen sexuellen Funktionierens ist und deren gerade der Sexualneurotiker so sehr bedürfte. Mit alledem wird keineswegs der Aufrechterhaltung irgendwelcher Tabus das Wort geredet oder gegen die Freiheit im Sexualleben Stellung genommen. Aber die Freiheit, die jene meinen, die sie so oft im Munde führen, ist letzten Endes die Freiheit, Geschäfte zu machen mit Hilfe sogenannter Aufklärung. In Wirklichkeit füttern sie nur die Sexualpsychopathen und Voyeurs mit Material für ihre Phantasie. Aufklärung ist okay. Aber wir müssen uns fragen: Aufklärung für wen? Und wir müssen die Öffentlichkeit vor allem darüber aufklären, was unlängst der Besitzer eines sich vorwiegend mit sogenannten Aufklärungsfilmen abgebenden Kinos sagte, als er im Fernsehen interviewt wurde: daß sich nämlich seine nach sogenannter Aufklärung lechzende Kundschaft mit wenigen Ausnahmen aus 50- bis 80jährigen Leuten zusammensetzt... Gegen Heuchelei im Sexualleben sind wir alle; aber wir müssen auch gegen jene Heuchelei auftreten, die Freiheit sagt und Geld meint.

Zurück zum existentiellen Vakuum, zum Sinnlosigkeitsgefühl: Freud hat einmal in einem Brief geschrieben, „im Moment, da man nach Sinn und Wert des Lebens fragt, ist man krank, denn beides gibt es ja in objektiver Weise nicht; man hat nur eingestanden, daß man einen Vorrat von unbefriedigter Libido hat". Ich persönlich kann das nicht glauben. Ich halte es nicht nur für ein spezifisches Humanum, die Frage nach dem Sinn des Lebens zu stellen, sondern zum Menschsein gehört auch noch dazu, einen solchen Sinn in Frage zu stellen. Im besonderen ist es ein Vorrecht des jungen Menschen, seine Mündigkeit an den Tag zu legen, indem er zunächst einmal den Sinn des Lebens in Frage stellt, und von diesem Vorrecht macht er auch reichlich Gebrauch (siehe Fußnote S. 13).

Einstein hat einmal gemeint, wer sein eigenes Leben als sinnlos empfinde, der sei nicht nur unglücklich, sondern auch kaum lebensfähig. Tatsächlich kommt dem Willen zum Sinn etwas zu, das die amerikanische Psychologie als „survival value" bezeichnet. Es war nicht zuletzt die Lektion, die ich aus Auschwitz und Dachau mit nach Hause nehmen konnte: daß diejenigen noch am ehesten fähig waren, sogar noch solche Grenzsituationen zu überleben – diejenigen, sage ich, die ausgerichtet waren auf die Zukunft, auf eine Aufgabe, die auf sie wartete, auf einen Sinn, den sie erfüllen wollten. Und amerikanische Psychiater haben dies später in japanischen, nordvietnamesischen und nordkoreanischen Kriegsgefangenenlagern bestätigen können. Sollte nun, was von einzelnen gilt, nicht ebenso auch von der Menschheit im ganzen gelten? Und sollten wir uns nicht, im Rahmen sogenannter Friedensforschung, die Frage angelegen sein lassen, ob nicht auch für das Überleben der Menschheit die einzige Chance letzten Endes in einer allen gemeinsamen Aufgabe liegt, in einem gemeinsamen Willen zu einem gemeinsamen Sinn?

Diese Frage kann natürlich nicht nur von uns Psychiatern gelöst werden. Sie muß also zunächst einmal offengelassen – aber ebenso muß sie wenigstens gestellt werden. Und gestellt werden muß sie, wie gesagt, auf menschlicher Ebene, auf der allein wir ja so etwas wie den Willen zum Sinn – und dessen Frustration – überhaupt zu Gesicht bekommen können. Und so gilt denn auch von der *Pathologie des Zeitgeistes,* was wir von der Neurosenlehre und Psychotherapie von Individuen wissen: Mit den depersonalisierenden und dehumanisierenden Trends, die allenthalben überhandnehmen, wird es nur eine *rehumanisierte Psychotherapie* aufnehmen können.

Wie sagten wir eingangs? Jede Zeit hat „ihre" Neurose – und jede Zeit braucht „ihre" Psychotherapie. Jetzt wissen wir mehr: Nur die rehumanisierte Psychotherapie kann die Zeichen der Zeit verstehen – und den Nöten der Zeit sich stellen.

Um aber auf das Sinnlosigkeitsgefühl zurückzukommen: Können wir nun dem existentiell frustrierten Menschen von heute einen Sinn geben? Wir müssen schon froh sein, wenn er dem Menschen von heute nicht *genommen* wird, nämlich von seiten einer reduktionistischen Indoktrination. Sollte Sinn machbar sein?

Lassen sich die verlorenen Traditionen oder gar die verlorenen Instinkte wiederbeleben? Oder gilt, was Novalis einmal gemeint hat, daß es nämlich zur Naivität kein Zurück gibt, daß die Leiter, auf der wir emporgestiegen sind, umgefallen ist?

Sinn geben würde auf Moralisieren hinauslaufen. Und die Moral im alten Sinn wird bald ausgespielt haben. Über kurz oder lang werden wir nämlich nicht mehr moralisieren, sondern die

Moral ontologisieren – gut und böse werden nicht definiert werden im Sinne von etwas, das wir tun sollen beziehungsweise nicht tun dürfen, sondern gut wird uns dünken, was die Erfüllung des einem Seienden aufgetragenen und abverlangten Sinnes fördert, und für böse werden wir halten, was solche Sinnerfüllung hemmt.

Sinn kann nicht gegeben, sondern muß gefunden werden. Und zwar läuft der Prozeß dieser Sinnfindung auf eine Gestaltwahrnehmung hinaus. Die Begründer der Gestaltpsychologie, Lewin und Wertheimer, sprachen bereits von einem Aufforderungscharakter, wie er jeder einzelnen Situation zukommt, mit der uns die Wirklichkeit konfrontiert. Wertheimer ging sogar so weit, daß er der in jeder einzelnen Situation involvierten Forderung („requiredness") eine ausgesprochene Objektivität („objective quality") zubilligte. Übrigens sagt auch Adorno: „Der Begriff des Sinns involviert Objektivität jenseits allen Machens."

Was die Sinnfindung gegenüber der Gestaltwahrnehmung auszeichnet, ist meines Erachtens folgendes: Es wird nicht einfach eine Figur wahrgenommen, die uns vor einem „Hintergrund" in die Augen springt, sondern bei der *Sinn-Wahrnehmung* handelt es sich um die Entdeckung einer Möglichkeit vor dem Hintergrund der Wirklichkeit. Und diese Möglichkeit ist jeweils einmalig. Sie ist vergänglich. Aber auch nur sie ist vergänglich. Ist eine Sinnmöglichkeit einmal verwirklicht, ist der Sinn einmal erfüllt, so ist er es nämlich ein für allemal.

Sinn muß gefunden, kann aber nicht erzeugt werden. Was sich erzeugen läßt, ist entweder subjektiver Sinn, ein bloßes Sinngefühl, oder – Unsinn. Und so ist es denn auch verständlich, daß der Mensch, der nicht mehr imstande ist, in seinem Leben Sinn zu finden, ebensowenig aber auch, ihn zu erfinden, auf der Flucht vor dem Sinnlosigkeitsgefühl entweder Unsinn oder subjektiven Sinn erzeugt: während sich ersteres auf der Bühne – Absurdes Theater! – ereignet, geschieht letzteres im Rausch, im besonderen in dem durch LSD induzierten. In diesem Rausch geschieht es aber auch auf die Gefahr hin, daß am wahren Sinn, an den echten Aufgaben draußen in der Welt (im Gegensatz zu den bloß subjektiven Sinnerlebnissen in einem selbst) vorbeigelebt wird.

Mich erinnert das immer an die Versuchstiere, denen kalifornische Forscher Elektroden in den Hypothalamus verpflanzt haben. Wann immer der Strom geschlossen wurde, erlebten die Tiere Befriedigung, sei es des Geschlechtstriebes, sei es des Nahrungstriebes; schließlich lernten sie es, den Strom selber zu schließen, und ignorierten dann die realen Geschlechtspartner und das reale Futter, das ihnen angeboten wurde.

Sinn muß aber nicht nur, sondern kann auch gefunden werden, und auf der Suche nach ihm leitet den Menschen das Gewissen. Mit einem Wort, das Gewissen ist ein Sinn-Organ. Es ließe sich definieren als die Fähigkeit, den einmaligen und einzigartigen Sinn, der in jeder Situation verborgen ist, aufzuspüren.

Das Gewissen gehört zu den spezifisch menschlichen Phänomenen; aber es ist nicht nur menschlich, sondern auch allzu menschlich, so zwar, daß es an der condition humaine teilhat und deren Signatur, der Endlichkeit, unterworfen ist. Das Gewissen kann den Menschen ja auch irreführen. Mehr noch: bis zum letzten Augenblick, bis zum letzten Atemzug weiß der Mensch nicht, ob er wirklich den Sinn seines Lebens erfüllt hat oder nicht vielmehr nur geglaubt hat, ihn zu erfüllen: ignoramus et ignorabimus. Seit Peter Wust gehören „Ungewißheit und Wagnis" zusammen. Mag das Gewissen auch noch so sehr den Menschen im Ungewissen lassen über die Frage, ob er den Sinn seines Lebens erfaßt und ergriffen hat – solche „Ungewißheit" enthebt ihn nicht des „Wagnisses", seinem Gewissen zu gehorchen oder zunächst einmal auf dessen Stimme zu horchen.

Aber nicht nur dieses „Wagnis" gehört zu jener „Ungewißheit", sondern auch die Demut. Daß wir nicht einmal auf unserem Sterbebett wissen werden, ob das Sinn-Organ, unser Gewissen, nicht am Ende einer Sinn-Täuschung unterlegen ist, bedeutet aber auch schon, daß das Gewissen des andern recht gehabt haben mag. Das soll nicht heißen, daß es keine Wahrheit gibt. Es kann nur eine Wahrheit geben; aber niemand kann wissen, ob es er ist und nicht jemand anderer, der sie besitzt. Demut bedeutet also Toleranz; aber Toleranz bedeutet nicht Indifferenz; denn den Glauben des Andersgläubigen respektieren heißt noch lange nicht sich mit dem anderen Glauben identifizieren.

Wir leben im Zeitalter eines um sich greifenden Sinnlosigkeitsgefühls. In diesem unserem Zeitalter muß es sich die Erziehung angelegen sein lassen, nicht nur Wissen zu vermitteln, sondern auch das Gewissen zu verfeinern, so daß der Mensch hellhörig genug ist, um die jeder einzelnen Situation innewohnende Forderung herauszuhören. In einem Zeitalter, in dem die Zehn Gebote für so viele ihre Geltung zu verlieren scheinen, muß der Mensch instand gesetzt werden, die 10000 Gebote zu vernehmen, die in den 10000 Situationen verschlüsselt sind, mit denen ihn sein Leben konfrontiert. Dann wird ihm nicht nur ebendieses sein Leben wieder sinnvoll erscheinen, sondern er selbst wird dann auch immunisiert sein gegenüber Konformismus und Totalitarismus – diesen beiden Folgeerscheinungen des existentiellen Vakuums; denn ein waches Gewissen allein macht ihn „widerstands"-fähig, so daß er sich eben *nicht* dem Konformismus fügt und dem Totalitarismus beugt.

So oder so: mehr denn je ist Erziehung – Erziehung zur Verantwortung. Und verantwortlich sein heißt selektiv sein, wählerisch sein. Wir leben in einer affluent society, werden „reizüberflutet" von den mass media, und wir leben im Zeitalter der Pille. Wollen wir nicht in der Flut all dieser Reize, in einer totalen Promiskuität untergehen, dann müssen wir unterscheiden lernen, was wesentlich ist und was nicht, was Sinn hat und was nicht, was sich verantworten läßt und was nicht.

Sinn ist also jeweils der konkrete Sinn einer konkreten Situation. Er ist jeweils „die Forderung der Stunde". Sie aber ist jeweils an eine konkrete Person adressiert. Und genauso wie jede einzelne Situation etwas Einmaliges ist – genauso ist jede einzelne Person etwas Einzigartiges.

Jeder Tag, jede Stunde wartet also mit einem neuen Sinn auf, und auf jeden Menschen wartet ein anderer Sinn. So gibt es einen Sinn für einen jeden, und für einen jeden gibt es einen besonderen Sinn.

Aus alledem ergibt sich, daß der Sinn, um den es da geht, ebenso von Situation zu Situation wie von Person zu Person wechseln muß. Aber er ist allgegenwärtig. Es gibt keine Situation, in der das Leben aufhören würde, uns eine Sinnmöglichkeit anzubieten, und es gibt keine Person, für die das Leben nicht eine Aufgabe bereithielte. Die Möglichkeit, einen Sinn zu erfüllen, ist jeweils einmalig, und die Persönlichkeit, die sie verwirklichen kann, ist jeweils einzigartig. In der logotherapeutischen Literatur finden sich Publikationen von Casciani, Crumbaugh, Dansart, Durlak, Kratochvil, Lukas, Mason, Meier, Murphy, Planova, Popielski, Richmond, Ruch, Sallee, Smith, Yarnell und Young, aus denen hervorgeht, daß die Möglichkeit, im Leben einen Sinn zu finden, unabhängig ist von der Geschlechtszugehörigkeit, vom Intelligenzquotienten, vom Bildungsniveau, davon, ob wir religiös sind oder nicht*, und, wenn wir religiös sind, davon, ob wir uns zu diesem oder jenem Glauben bekennen. Schließlich wurde nachgewiesen, daß die Sinnfindung unabhängig ist vom Charakter und von der Umwelt.

Kein Psychiater, kein Psychotherapeut – auch kein Logotherapeut – kann einem Kranken sagen, was der Sinn ist, sehr wohl aber, daß das Leben einen Sinn hat, ja – mehr als dies: daß es diesen Sinn auch behält, unter allen Bedingungen und Umständen, und zwar dank der Möglichkeit, noch im Leiden einen Sinn zu finden. Eine phänomenologische Analyse des unmittelbaren, unverfälschten Erlebens, wie wir es vom schlichten und einfachen „Mann von der Straße" erfahren können und nur noch in die wissenschaftliche Terminologie zu übersetzen brauchen, würde nämlich enthüllen, daß der Mensch nicht nur – kraft seines Willens zum Sinn – nach einem Sinn sucht, sondern daß er ihn auch findet, und zwar auf drei Wegen. Zunächst einmal sieht er einen Sinn darin, etwas zu tun oder zu schaffen. Darüber hinaus sieht er einen Sinn darin, etwas zu erleben, jemanden zu lieben; aber auch noch in einer hoffnungslosen Situation, der er hilflos gegenübersteht, sieht er unter Umständen einen Sinn. Worauf es ankommt, ist die Haltung und Einstellung, mit der er einem unvermeidlichen und unabänderlichen Schicksal begegnet. Erst die Haltung und Einstellung gestattet ihm, Zeugnis ab-

* Was uns eigentlich nicht zu wundern braucht, da wir ja der Ansicht sind, daß auch jemand, der bewußt nicht religiös ist, unbewußt sehr wohl religiös sein mag, und sei es auch nur in jenem weitesten Sinne von religiös sein, den etwa Albert Einstein, Paul Tillich und Ludwig Wittgenstein im Auge haben (Seite 94 bzw. 95).

zulegen von etwas, wessen der Mensch allein fähig ist: das Leiden auf der menschlichen Ebene in eine Leistung umzusetzen und umzugestalten. Ein Medizinstudent aus den Vereinigten Staaten schreibt mir: „Einer meiner besten Freunde starb unlängst, weil er einen Sinn nicht hatte finden können. Heute weiß ich, daß ich ihm sehr wohl hätte helfen können, dank der Logotherapie, wenn er noch am Leben wäre. Aber er ist es nun einmal nicht mehr. Sein Tod jedoch wird mir immer dazu dienen, all jenen beizustehen, die Not leiden. Ich glaube, einen tieferen Beweggrund kann es nicht geben. Trotz meiner Trauer um den Tod meines Freundes, trotz meiner Mitschuld an diesem seinem Tode ist sein Dasein – und sein Nicht-mehr-Sein – ungemein sinnvoll. Wenn ich jemals die Stärke aufbringe, als Arzt zu arbeiten und meiner Verantwortung gewachsen zu sein, dann wird er nicht umsonst gestorben sein. Mehr als alles andere in der Welt will ich eines tun: verhüten, daß eine solche Tragödie nochmals geschieht – einem anderen geschehe."

Es gibt keine Lebenssituation, die wirklich sinnlos wäre. Dies ist darauf zurückzuführen, daß die scheinbar negativen Seiten der menschlichen Existenz, insbesondere jene tragische Trias, zu der sich Leid, Schuld und Tod zusammenfügen, auch in etwas Positives, in eine Leistung gestaltet werden können, wenn ihnen nur mit der rechten Haltung und Einstellung begegnet wird.

Und doch kommt es zu einem existentiellen Vakuum. Und dies mitten in einer „affluent society", die kein einziges unter den von Maslow so benannten Grundbedürfnissen unbefriedigt gelassen hätte. Das rührt daher, daß sie eben nur Bedürfnisse befriedigt, aber nicht den Willen zum Sinn erfüllt. „Ich bin 22 Jahre alt", schrieb mir einmal ein amerikanischer Student. „Ich besitze einen akademischen Grad, besitze einen luxuriösen Wagen, bin überhaupt finanziell unabhängig, und es steht mir mehr Sex und mehr Prestige zur Verfügung, als ich verkraften kann. Was ich mich frage, ist nur, was das alles für einen Sinn haben soll."

Die Überflußgesellschaft bringt einen Überfluß an Freizeit mit sich, die zwar Gelegenheit zu sinnvoller Lebensgestaltung böte, in Wirklichkeit aber das existentielle Vakuum nur noch mehr zutage treten läßt, wie wir Psychiater es in Fällen von sogenannter

„Sonntagsneurose“ beobachten können. Und die nimmt anscheinend zu. Hat doch das Institut für Demoskopie in Allensbach feststellen müssen, daß es 1952 26 Prozent waren, denen an Sonntagen die Zeit zu lange wird, während es heute 37 Prozent sind. Und so ist denn auch verständlich, wenn Jerry Mandel sagt: „Die Technik hat uns erspart, all unsere Fähigkeiten für den Kampf ums Dasein einzusetzen. So haben wir einen Wohlfahrtsstaat entwickelt, der garantiert, daß man ohne persönliche Anstrengung am Leben bleiben kann. Wenn es einmal so weit ist, daß dank der Technik 15 Prozent der amerikanischen Arbeiter tatsächlich für die Bedürfnisse der ganzen Nation aufkommen können, dann stellen sich uns zwei Probleme: Wer soll zu den 15 Prozent gehören, die da arbeiten, und was sollen die anderen mit ihrer freien Zeit anfangen – und mit dem Verlust ihres Lebenssinns? Mag sein, daß die Logotherapie dem Amerika des nächsten Jahrhunderts mehr zu sagen haben wird, als sie dem Amerika dieses Jahrhunderts bereits gegeben hat.“

Leider ist die Problematik hier und heute eine andere: Nicht selten ist es die Arbeitslosigkeit, die zu einem Überfluß an Freizeit führt, und bereits 1933 habe ich das Krankheitsbild einer „Arbeitslosigkeitsneurose“ beschrieben. Ohne Arbeit erschien den Leuten das Leben sinnlos – sie selbst kamen sich nutzlos vor. Das Bedrückendste war nicht die Arbeitslosigkeit an sich, sondern das Sinnlosigkeitsgefühl. Der Mensch lebt nicht von der Arbeitslosenunterstützung allein.

Im Gegensatz zu den dreißiger Jahren ist aber die Wirtschaftskrise heute auf eine Energiekrise zurückzuführen: zu unserem Schrecken hatten wir entdecken müssen, daß die Energiequellen nicht unerschöpflich sind. Ich hoffe, daß man es nicht für frivol halten wird, wenn ich nun die Behauptung wage, die Energiekrise und das mit ihr einhergehende verminderte Wirtschaftswachstum sei, was unseren frustrierten Willen zum Sinn anlangt, eine einzige große Chance. Wir haben die Chance, uns selbst zu be-sinn-en. Zur Zeit der Überflußgesellschaft hatten die meisten Leute genug, wovon sie leben konnten. Aber viele Menschen wußten von nichts, wofür sie hätten leben können. Nunmehr mag es sehr wohl zu einer Akzentverschiebung kommen von den

Lebens-Mitteln zu einem Lebens-Zweck, zu einem Lebenssinn. Und im Gegensatz zu den Energiequellen ist der Sinn ja unerschöpflich, allgegenwärtig.

Mit welchem Recht können wir aber zu sagen wagen, das Leben höre nie und für niemanden auf, einen Sinn zu behalten? Das rührt daher, daß der Mensch imstande ist, auch eine ausweglose Situation menschlich gesehen noch in eine Leistung zu verwandeln. Darum gibt ja auch das Leiden noch eine Sinnmöglichkeit her. Selbstverständlich ist nur von unaufhebbaren und unabwendbaren Situationen die Rede, die sich nicht ändern lassen, von einem Leiden, das nicht aus der Welt geschafft werden kann. Als Arzt denke ich natürlich zunächst einmal an unheilbare Krankheiten, an inoperable Karzinome.

Im Erfüllen von Sinn verwirklicht der Mensch sich selbst. Erfüllen wir nun den Sinn von Leiden, so verwirklichen wir das Menschlichste im Menschen, wir reifen, wir wachsen, wir wachsen über uns selbst hinaus. Gerade dort, wo wir insofern hilflos und hoffnungslos sind, als wir eine Situation nicht ändern können – gerade dort sind wir aufgerufen und ist uns abverlangt, uns selbst zu ändern. Und niemand hat dies treffender beschrieben, als Yehuda Bacon, der bereits als Kind nach Auschwitz kam und nach seiner Befreiung an Zwangsvorstellungen litt: „Ich sah ein Leichenbegängnis mit einem prächtigen Sarg und Musik – und begann zu lachen: Sind die verrückt – wegen einer einzigen Leiche machen sie soviel her? Wenn ich in ein Konzert oder in ein Theater ging, mußte ich ausrechnen, wie lange es dauern würde, so viele Leute, wie dort versammelt waren, zu vergasen, wieviel Kleidungsstücke, wieviel Goldzähne, wieviel Säcke mit Haaren das ausmachen würde.“ Und da fragte sich Yehuda Bacon, was für einen Sinn die Jahre gehabt haben mochten, die er in Auschwitz verbracht hatte: „Als Knabe dachte ich, ich werde der Welt schon sagen, was ich in Auschwitz gesehen habe – in der Hoffnung, die Welt würde einmal eine andere werden. Aber die Welt ist nicht anders geworden, und die Welt wollte von Auschwitz nichts hören. Erst viel später habe ich wirklich verstanden, was der Sinn des Leidens ist. Das Leiden hat einen Sinn, wenn *du selbst* ein anderer wirst.“

Zur Rehumanisierung der Psychotherapie

Nach Vorlesungen, gehalten im Rahmen der Salzburger Hochschulwochen 1957 auf Einladung ihres Direktoriums

Freud, Adler und Jung

Vor die Aufgabe gestellt zu sein, über den Beitrag der Psychotherapie zum Menschenbild von heute zu sprechen, heißt, vor eine Wahl gestellt zu sein, nämlich vor die Wahl, entweder vorwiegend historisch vorzugehen oder aber vorwiegend systematisch. Diese Wahl bedeutet nun insofern eine Qual, als es sich im konkreten Falle bei der Systematik um eine Polysystematik handeln würde; denn wenn irgendwo, dann gilt beim heutigen Stand psychotherapeutischen Wissens und Könnens die Variation eines Wortes, die lauten würde: Quot capita tot systemata. Mit anderen Worten, es würde etwas Uferloses sein, wollte ich auch nur über die wichtigsten der gängigen psychotherapeutischen Systeme referieren, wobei ich davon absehe, daß dies eine wohl kaum statthafte Zumutung an die Geduld meines Publikums bedeuten würde – ja, mehr als dies: eine Unterschätzung des Wissens um die Psychotherapie, das es bereits mitbringt. Angesichts solcher Dilemmata habe ich mich entschlossen, das Thema weder in historischem noch in systematischem, vielmehr in kritischem Sinne anzugehen. Aber von der in Rede stehenden Kritik gilt wieder, daß sie sich weder beschränken lassen wird auf eines der großen Systeme, noch daß ich sie auf das Ganze jedes Systems ausdehnen könnte. Was allein in Frage kommt, ist die Herausarbeitung eines gemeinsamen Nenners, und zwar im Sinne einer allen Systemen gemeinsamen Gefahren- und Fehlerquelle. Ich hoffe, daß es sich im Zuge meiner Ausführungen herausstellen wird, wie sehr als eine der Psychotherapie von heute inhärente Gefahren- und Fehlerquelle ein dynamischer Psychologismus zu betrachten ist, der ihr mehr oder weniger anhaftet. Am allerwenigsten ist es den drei Klassikern psychotherapeutischer Systematik – Freud, Adler, Jung – gelungen, sich von allem Psychologismus frei zu halten oder auch nur frei zu machen. Im Hinblick darauf, daß die Psychotherapie von heute auf den drei Säulen der Psychoanalyse, der Individualpsychologie und der Analytischen Psychologie ruht, dürfte es sich trotz all der genannten Bedenken empfehlen, zunächst einmal sie Revue passieren zu lassen.

Darüber, daß Sigmund Freud schlechterdings „der" Pionier ist, was die Sache der Psychotherapie selbst anlangt, und, was seine eigene Person betrifft, „das" Genie, sind wir uns doch im klaren. Würde man von mir verlangen, daß ich die Lehre von Freud, wenn ich mich so ausdrücken darf, auf einem Fuße stehend wiedergebe, so müßte ich sagen, daß Freud das Verdienst zukommt, die Sinnfrage gestellt zu haben, mag er auch noch so wenig in unserem Sinne gefragt oder gar die Sinnfrage beantwortet haben. Sofern er es tat, geschah dies ja im Geiste seiner Zeit, und zwar in doppelter Hinsicht: erstens in materialer Hinsicht, insofern nämlich, als Freud dem einerseits prüden und andererseits lüsternen Zeitgeist, der sogenannten viktorianischen Plüschkultur, verhaftet blieb, und zweitens in formaler Hinsicht, insofern nämlich, als seinen Konzeptionen ein mechanisches Modell zugrunde lag, das nicht im geringsten tauglicher ist, wenn es (euphemistisch) dynamisch genannt wird.

Im besonderen war es Freud darum zu tun, den Sinn neurotischer Symptome zu deuten, was ihn zwang, ins unbewußte Seelenleben vorzustoßen und solcherart nicht mehr und nicht weniger als eine ganze Dimension des psychischen Seins zu erschließen. Daß wir später innerhalb des Bereichs des „Unbewußten" mehr sehen- und kennenlernten als bloße Triebe, als triebhaft Unbewußtes, daß wir, über alle unbewußte Triebhaftigkeit hinaus, so etwas wie ein geistig Unbewußtes, daß wir unbewußte Geistigkeit, ja unbewußte Gläubigkeit feststellen konnten (Viktor E. Frankl, Der unbewußte Gott, Kösel-Verlag, München 1979), gehört auf ein anderes Blatt und schmälert nicht die historische Leistung, die wir in Werk und Lehre von Freud sehen.

Unbewußt war für Freud der Sinn neurotischer Symptome nun nicht im Sinne von „vergessen", sondern in dem von „verdrängt", das heißt, er war ins Unbewußte gedrängt worden, und zwar deshalb, weil es sich beim jeweils unbewußt Gewordenen, unbewußt Gemachten um etwas Unangenehmes gehandelt hatte. Unangenehm aber waren die jeweiligen Bewußtseinsinhalte gewesen eben im Koordinatensystem jener viktorianischen Plüschkultur, von der vorhin die Rede war. So läßt es sich denn auch verstehen, daß es dem so prüden Patienten der Jahrhundertwende in erster Linie darum gehen mußte, das Sexuelle zu verdrängen, wobei wir nicht vergessen wollen, wie sehr für die Psychoanalyse der Umfang des Begriffes Sexualität einerseits größer ist als der Bereich des Genitalen, andererseits aber auch kleiner als der des von Freud geprägten Begriffes Libido.

Für die Psychoanalyse läuft die Neurose letzten Endes auf ein Kompromiß heraus, auf das Kompromiß zwischen konfliktierenden Trieben oder aber den Ansprüchen diverser intrapsychischer Instanzen, wie des von der Psychoanalyse so genannten Es, Ich und Überich. Ein Kompromiß macht aber auch das Wesen dessen aus, was Freud Fehlleistungen genannt hat, schließlich das Wesen des Traumes. Wenn, um ein Beispiel beizubringen, ein früherer Nationalsozialist davon spricht, daß in einer als frühere Stätte der Euthanasie berüchtigten Anstalt Patienten „umgebracht" – und nicht „untergebracht" – werden, oder wenn ein sozialistischer Politiker nicht von „Empfängnisverhütung", sondern von „Verhängnisverhütung" spricht, wovon ich ebenfalls Zeuge wurde, dann ist es klar, daß sich in beiden Fällen etwas durchgesetzt hatte, das einer Verdrängung zum Opfer gefallen, zumindest zu ihr bestimmt worden war.

Was den Traum anbelangt, kommt es zu einem Kompromiß wegen der sogenannten Traumzensur, und es war Max Scheler, der als erster auf diesen wunden Punkt der Psychoanalyse, nämlich auf die Aporie dieses Begriffes, aufmerksam gemacht hat, die darin liegt, daß man die Instanz, die da verdrängt, zensuriert und sublimiert, nicht von den Trieben herleiten kann, die ja das Was des Verdrängtwerdens abgeben und darum nicht den Wer des Verdrängens ausmachen können. Den Hörern meiner Vorlesungen pflege ich dies klarzumachen, indem ich erkläre, noch nie sei es vorgekommen, daß ein Fluß sein eigenes Kraftwerk errichtet habe.

Aber nicht nur hinsichtlich der „Genealogie der Moral", will heißen, deren vermeintlicher Rückführbarkeit auf die Verdrängung von Triebhaftem, sondern auch hinsichtlich der Teleologie, die das psychische Sein beherrscht, läßt sich die Psychoanalyse eine Einschränkung des Gesichtsfeldes zuschulden kommen, so zwar, daß sie voraussetzt, das der Biologie entnommene Prinzip der Homöostase gelte erstens im Bereich der Natur durchgängig und zweitens auch noch im Bereich der Kultur. Letztlich und eigentlich hieße das soviel, wie der Mensch sei darauf angelegt bzw. lasse es sich angelegen sein, „die von außen und innen an ihn herantretenden Reizmengen, Erregungsgrößen zu bewältigen und zu erledigen", welcher „Absicht der seelische Apparat diene" (S. Freud, Gesammelte Werke XI, 370). „Die von Freud angenommenen Hauptrichtungen der Motivation sind homöostatisch gedacht, das heißt, Freud erklärt alle Handlung als der Herstellung gestörten Gleichgewichts dienend. Jedoch Freuds auf die Physik seiner Zeit gestützte Annahme, daß Entspannung die einzige primäre Grundtendenz des Lebewesens ist, trifft einfach nicht zu. Wachstum und Reproduktion sind Vorgänge, die sich der Erklärung durch das homöostatische Prinzip allein widersetzen" (Charlotte Bühler, Psychologische Rundschau, Band VIII/1, 1956). Also nicht einmal innerhalb der biologischen Dimension kommt dem Prinzip der Homöostase Geltung zu – geschweige denn in der psychologisch-noologischen: „Der Schaffende" beispielsweise „setzt sein Produkt und Werk in eine positiv aufgefaßte Realität, während im Gleichgewichtsstreben des sich Anpassenden die Realität negativ aufgefaßt wird" (l.c.). Zum Prinzip der Homöostase nimmt auch Gordon W. Allport polemisch und kritisch Stellung: „Motivation wird als ein Spannungszustand angesehen, der uns veranlaßt, nach Gleichgewicht, Ruhe, Anpassung, Befriedigung und Homöostase zu suchen. Im Rahmen dieses Menschenbilds ist Persönlichkeit nichts als die jeweilige Art und Weise, unsere Spannungen herabzusetzen. Selbstverständlich verträgt sich diese Sicht ausgezeichnet mit der allem Empirismus zugrunde liegenden Anschauung, daß der Mensch von Haus aus ein passives Wesen ist, das einzig und allein von außen Eindrücke empfängt und einzig und allein auf solche Eindrücke reagiert. Dies mag nun sehr wohl richtig sein, wenn wir es mit opportunistischer Anpassung zu tun haben, stimmt aber keineswegs, wenn es um das Wesen eigentlich menschlichen Strebens geht, für das nämlich charakteristisch ist, daß ihm keineswegs an Gleichgewicht oder einer Herabsetzung von Spannungen gelegen ist, vielmehr – im Gegenteil – an der Aufrechterhaltung von Spannungen."

Alfred Adler geht, im Gegensatz zu Sigmund Freud, weit über das Psychologische hinaus, indem er zunächst auf das Biologische in Form der „Organminderwertigkeit" zurückgreift. Sie als somatisches Faktum führt zum „Minderwertigkeitsgefühl" als psychischer Reaktion – nicht nur auf eine Organminderwertigkeit, sondern auch auf Kränklichkeit, Schwächlichkeit und Häßlichkeit. Das Minderwertigkeitsgefühl fordert wieder seine Kompensation heraus, sei es im Rahmen der Gemeinschaft bzw. deren psychischer Entsprechung, des „Gemeinschaftsgefühls" – nunmehr zeigt sich, wie, über das biologische hinaus, ein soziologisches Moment einbezogen wird –, sei es, daß es zu einer Kompensation oder gar einer Überkompensation des Minderwertigkeitsgefühls jenseits der Gemeinschaft kommt, was der individualpsychologischen Theorie zufolge zum Wesen der Neurose gehört. Der Petitio principii des sich selbst verdrängenden Triebhaften auf seiten der Psychoanalyse korrespondiert auf individualpsychologischer Seite ebenfalls eine Petitio principii, insofern nämlich, als zufolge der Lehre von Alfred Adler es nichts Personales, sondern das Soziale selbst ist, was über die Haltung und Einstellung des Menschen zur Gemeinschaft entscheidet: entscheidend sind diesbezüglich die Umgebung, die Erziehung und die Umwelt des Menschen – wenn man der Individualpsychologie glauben darf.

Kommen wir auf C. G. Jung und dessen Analytische Psychologie zu sprechen, so kann nicht genug hervorgehoben werden, welches Verdienst darin allein gelegen ist, daß er zu seiner Zeit, und das heißt in den frühen Jahren des Jahrhunderts, die Neurose zu definieren gewagt hat als „das Leiden der Seele, die nicht ihren Sinn gefunden hat“. Nur um so verführerischer ist der analytische Psychologismus, der der Analytischen Psychologie anhaftet. Das Verdienst, ihn endgültig entlarvt zu haben, gebührt vor allem Freiherrn Victor E. von Gebsattel, der in seinem „Christentum und Humanismus“ (Stuttgart 1947) die Person als die überpsychologische Instanz hinstellt, die er im Jungschen Bild vom Menschen vermisse. Sie allein vermöge, orientiert an den ihr gemäßen Maßstäben, auch in dem Chaos der ihr vom Unbewußten angebotenen religiösen Motive und „inneren Erfahrungen“ Ordnung zu stiften, indem sie annehme und verwerfe. In diesem Menschenbild jedoch fehle die Instanz, welche den „Schöpfungen des Unbewußten“ gegenüber die Entscheidung treffe. Gott werde gewählt, aber nicht in der Entscheidung des Glaubens. „Ist das nicht Psychologismus“, so schließt v. Gebsattel diese seine Ausführungen, „so kann man mit gleichem Recht den Elefanten ein Gänseblümchen nennen und behaupten, man sei eben ein Botaniker“ (S. 36).

Bittere Worte bezüglich der Jungschen Psychologie findet auch Schmid, wenn er ihr nachsagt und vorwirft, sie sei zur Religion geworden. Die neuen Götter seien die Archetypen. Erst der Bezug auf sie verleihe dem Leben seinen Sinn. Der letzte metaphysische Halt eines Menschen liege so in ihm selbst, und seine „Psyche“ werde so etwas wie ein von Archetypen-Göttern bevölkerter moderner Olymp. Die individuelle Psychotherapie werde zur sakralen Handlung und Psychologie zur Weltanschauung. „Man fragt sich“ mit Hans Jörg Weitbrecht „mit einem gewissen Staunen, wie es möglich ist, daß Theologen dieses konsequente Hereinnehmen jeder Transzendenz in die psychologische Immanenz übersehen und überzeugte Junganhänger sein können.“ Die Transzendenz wird sogar in die biologische Immanenz hereingenommen: „Die Archetypen vererben sich mit der Hirnstruktur, ja sind deren psychischer Aspekt“ (C. G. Jung, Seelenprobleme der Gegenwart, Zürich 1946, Bd. 3, S. 179). Mehr als dies: Zwei amerikanischen Forschern „scheint es gelungen zu sein“, so triumphierte C. G. Jung, „durch Reizung des Hirnstammes die halluzinäre Vision einer archetypischen Gestaltung hervorzurufen", und zwar „der sogenannten Mandalasymbole, deren Lokalisation im Hirnstamm" C. G. Jung „schon lange vermutete. Sollte sich der Gedanke einer Lokalisation des Archetypus durch weitere Erfahrung bestätigen lassen, so würde die Selbstzerstörung des pathogenen Komplexes durch ein spezifisches Toxin erheblich an Wahrscheinlichkeit gewinnen, und so würde dann die Möglichkeit vorhanden sein, den destruktiven Vorgang als eine Art von fehlgegangener biologischer Abwehrreaktion zu verstehen." Bei alledem dürfen wir nicht übersehen, daß z. B. Medard Boss „die Vorstellung des Archetypus ein gedankliches Isolations- und hypostasiertes Abstraktionsprodukt" genannt hat.

Es wäre weit gefehlt, wollte man die Theorie des dynamischen Psychologismus von der Therapie her, also „ex iuvantibus" verifizieren; sind wir doch längst dahintergekommen, daß auf psychotherapeutischem Feld der weitverbreitete Respekt vor „facts" und „efficiency" deplaciert, antiquiert ist; es ist nicht so ohne weiteres möglich, uns an das Gebot zu halten: „An ihren Früchten sollt ihr sie erkennen." Ungeachtet der jeweils angewandten Psychotherapiemethode bewegt sich nämlich der Prozentsatz geheilter oder wesentlich gebesserter Fälle zwischen 45 und 65 Prozent (Caruso und Urban, Appell, Lhamon, Myers und Harvey) – nur ausnahmsweise, wie in der von Eva Niebauer nach logotherapeutischen Prinzipien geführten Psychotherapieambulanz, wird auch ein Prozentsatz von 75 verzeichnet. Mehr als dies: B. Stokvis konnte zeigen, daß im exzeptionellen Falle seiner „Personalunion" die mit Hilfe aufdeckender und zudeckender Psychotherapiemethoden behandelten Patienten im gleichen Maße günstig angesprochen hatten. Daß auch der Prozentsatz von Dauerheilungen von der jeweiligen Psychotherapiemethode unabhängig ist, ist ebenfalls bekannt; was allein divergiert, ist die Behandlungsdauer. Abgesehen von alledem soll vorgekommen sein, daß an einer ausländischen Klinik auf der Warteliste befindliche, also psychotherapeutisch noch gar nicht angegangene Patienten durch Tests objektivierbare Besserungen in einem signifikant höheren Prozentsatz aufwiesen als noch in Behandlung stehende Patienten. Wem fiele hierzu nicht der Hinweis von Schaltenbrand ein, demzufolge therapeutische Maßnahmen gegen die multiple Sklerose, sobald sie nicht in einem bestimmten Prozentsatz der Fälle zu Besserungen führen – nämlich in einem Prozentsatz, welcher der Spontanremissionstendenz der Erkrankung entspricht –, bereits einer Schädigung des Patienten gleichkommen?

All dies ist nur zu verstehen, wenn wir uns vom ätiologischen Vorurteil distanzieren, daß die Psychotherapie, im besonderen die Psychoanalyse, nicht im Sinne einer unspezifischen Therapie, sondern im Sinne einer kausalen Therapie wirksam sei; aber all die diesbezüglich so sehr inkriminierten Komplexe, Konflikte und Traumen – deren Aufgedecktwerden die aufdeckenden Psychotherapiemethoden ihre allfälligen Erfolge zuschreiben – sind nicht so pathogen, wie man vermeint und vermutet. Vielmehr konnten Mitarbeiter von mir im Zuge statistischer Erhebungen unschwer nachweisen, daß eine auslesefreie Serie von Fällen unserer neurologischen Station nicht etwa ebenso viele, sondern viel mehr Komplexe, Konflikte und Traumen hinter sich gebracht hatten als eine ebenfalls auslesefreie Serie von Fällen der Psychotherapieambulanz, und wir haben dies dahingehend zu erklären, daß wir die zusätzliche Problembelastung neurologisch Kranker ins Kalkül ziehen. So oder so: davon, daß die Komplexe, Konflikte und Traumen auch wirklich pathogen sind, kann einfach schon deshalb nicht die Rede sein, weil sie ubiquitär sind. Was gemeiniglich für pathogen gehalten wird, ist in Wirklichkeit pathognomonisch, das heißt, es ist weniger Ursache als vielmehr Zeichen der Krankheit. Wo, im Rahmen anamnestischer Erhebung, Komplexe, Konflikte und Traumen auftauchen, ist es vielfach so, daß sie einem Riff gleichen, das zwar bei Ebbe auftaucht, aber nicht deren Ursache ist. Nicht ist es so, als ob das Riff die Ebbe entstehen ließe, sondern die Ebbe läßt das Riff erscheinen. Analog ekphoriert eine Analyse Komplexe, bei denen wir es bereits mit Symptomen der Neurose, eben mit Krankheitszeichen, zu tun haben. Daß es sich bei Konflikten und Traumen um eine Belastung und Beanspruchung, mit einem Wort, um einen Streß im Sinn von Selye handelt, ist nur ein Anlaß mehr, vor dem nach wie vor verbreiteten Irrtum zu warnen, auf Grund dessen so getan wird, als sei nur die Belastung und nicht mehr noch als sie die Entlastung pathogen bzw. die Belastung, solange sie dosiert ist, sagen wir das Belastet- und Beanspruchtsein von einer Aufgabe her, „antipathogen“. *Mehr Stress als in Auschwitz gab es wohl kaum irgendwo anders, und gerade dort waren die typischen psychosomatischen Krankheiten, die so gerne für stressbedingt gehalten werden, praktisch vom Erdboden verschwunden.*

Aber nicht nur, daß Komplexe an sich nicht pathogen sind: vielfach sind sie sogar iatrogen! Zumindest konnten Emil A. Gutheil und J. Ehrenwald zeigen, daß die Patienten von Freudianern von Ödipuskomplexen, die von Adlerianern von Machtkonflikten und die von Jungianern von Archetypen träumen. Auf die Träume kann sich ihr Deuter heute nicht mehr verlassen; denn – wie hervorragende Analytiker selbst behaupten – sie sind so gerichtet, daß sie dem behandelnden Arzt „willkommen“ sind, das heißt seinen Deutungstendenzen entsprechen. „Wo die Psychoanalyse therapeutisch wirkt, tut sie es im Grunde als Suggestionstherapie. Was ihm das Suchen des Arztes nach verdrängten Komplexen nützen soll, könnte der Kranke ja nicht einmal verstehen – falls er über den Zweck dieses Vorgehens nicht aufgeklärt wäre; ist er es aber, was bei der großen Publizität der Grundbegriffe der Psychoanalyse wohl in der Regel der Fall ist, so hat er damit, daß er sich eben gerade in die psychoanalytische Behandlung begeben hat, bereits bewiesen, daß er für sie eingenommen und von einem entsprechenden autosuggestiv wirkenden Erwartungsgefühl ihr gegenüber beseelt ist.“ (J. Berze, Psychotherapie von Vernunft zu Vernunft, in: Festschrift zum 70. Geburtstag von Prof. Dr. Otto Pötzl, herausgegeben von Prof. Dr. Hubert J. Urban, Innsbruck 1949.) „Der Suggestionsvorgang beginnt ja schon, bevor überhaupt ein Wort gefallen ist“, bemerkt M. Pflanz, und „die Erkenntnis, daß fast bei jeder Therapie suggestive Anteile mitspielen, die auch schon Stokvis betont, wird vielleicht weiterhin die Vorurteile beseitigen, die der Suggestion entgegengebracht werden“.

Sehen wir von diesem suggestiven Faktor ab, so spielt auch das Moment der bloßen Aussprachegelegenheit eine Rolle, die den Patienten entlastet; denn nicht nur „geteiltes“, sondern auch schon „mit-geteiltes" Leid ist halbes Leid, und wenn es eines diesbezüglichen Beweises bedurft hätte, dann wäre er durch die folgende Episode erbracht worden: Eines Tages sucht mich eine Studentin aus den USA auf, um mir ihr Leid zu klagen; sie spricht jedoch den ärgsten Slang, und trotz all meiner Bemühungen verstehe ich kein einziges Wort; dennoch schüttet sie ihr Herz aus, und um mir die Verlegenheit, in die sie mich bringt, nicht anmerken zu lassen, beschließe ich, sie an einen ihrer Landsmänner unter meinen Kollegen zu weisen, und zwar unter dem Vorwand, sie müsse sich einer EKG-Untersuchung unterziehen, und sie wiederzubestellen. Allein, sie sucht weder den Kollegen noch mich wieder auf; vielmehr begegnen wir einander eine Zeitlang später auf der Straße, und es stellt sich heraus, daß die Aussprache mit mir genügt hatte, um sie über eine konkrete Konfliktsituation hinwegzubringen – und bis heute habe ich keine Ahnung, was sie überhaupt zu mir geführt hatte!

Zu alledem kommt, daß die Psychoanalyse, im Gegensatz dazu, wie sie sich selbst versteht, nämlich als im Sinne einer affektdynamischen und triebenergetischen Umsetzung wirksam, daß die Psychoanalyse, sage ich, in Wirklichkeit eine existentielle Umstellung auf seiten des Patienten herbeiführt, sofern sie nicht den therapeutischen Effekt verfehlt. Falls man das so modische Wort nicht perhorresziert, läßt sich füglich auch von einer menschlichen Begegnung als dem eigentlichen Agens psychoanalytischer Behandlungsmaßnahmen sprechen. Auch die sogenannte Übertragung ist wohl nur ein Vehikel solcher menschlichen Begegnung, und so ist es denn auch zu verstehen, wenn Rotthaus bestreitet, daß die Übertragung eine unabdingbare Voraussetzung psychotherapeutischen Vorgehens darstelle. Daß eine existentielle Umstellung – wie etwa die Existenzanalyse sie direkt und methodenbewußt anpeilt – als solche, das heißt als existentielle, mindestens ebenso sehr wie eine sogenannte Übertragung die Grenzen bloß intellektueller, rationaler Vorgänge sprengt, indem sie doch im Emotionalen Wurzel schlägt, also ein totales, vollmenschliches Geschehen in Gang bringt, ist selbstverständlich. Weniger selbstverständlich dürfte sein, daß sich so etwas wie die existentielle Umstellung notwendigerweise aller Methodik und Technik entzieht; aber es hat sich ja auch hierzulande bereits herumgesprochen, daß im Rahmen der Psychotherapie die jeweils angewandte Methodik und Technik am allerwenigsten wirksam ist; vielmehr ist es die menschliche Beziehung zwischen Arzt und Krankem, die den Ausschlag gibt. Es gibt Fälle genug, in denen sich zeigt, wie gerade das Herausfallen aus der Rolle distanzierter Haltung und Einstellung den Patienten in entscheidendem Maße beeindruckt und überhaupt erst ärztlichen Einflüssen zugänglich macht. Der Traum eines halben Jahrhunderts scheint mir ausgeträumt zu sein, der Traum, der einer Mechanik der Seele und einer Technik der Seelenheilkunde gegolten hatte oder – mit anderen Worten – einer Erklärung des Seelenlebens auf Grund von Mechanismen und einer Behandlung von Seelenleiden mit Hilfe von Technizismen.

Die Logotherapie

Nun gibt es eine Psychotherapie, die von vornherein zugibt, daß sie – von exquisit noogenen Neurosen abgesehen – nicht kausal, sondern im Sinne einer unspezifischen Therapie wirkt, und von ihr, nämlich von der Logotherapie, sagt Edith Joelson von der University of Georgia in „Some Comments on a Viennese School of Psychiatry“ (The Journal of Abnormal and Social Psychology, Vol. 51, No. 3, November 1955): „Mag sein, daß tatsächlich, wie die psychodynamische Theorie der Neurosen behauptet, an deren Entstehung Triebkonflikte in frühester Kindheit maßgeblich beteiligt sind; dennoch ist noch lange nicht ausgemacht, daß – nunmehr bei erwachsenen Patienten – es nicht die Reorientierung auf so etwas wie Sinn und Werte hin sein soll, die den therapeutischen Ausschlag gibt.“ Mit anderen Worten: Worauf es ankommt, ist die Hingabe an eine Aufgabe, will heißen, an die im Laufe einer Existenzanalyse jeweils erst noch zu erhellende personale und konkrete Aufgabe.

„Es ist eine schlechte Mode unserer Tage, zu meinen, ‚eigentliche‘ Psychotherapie sei immer Psychoanalyse. Bei derartigen Behauptungen wird die völlig abwegige Ansicht vorausgesetzt, als sei im Grunde jede Neurose … immer eine aus früher Kindheit herzuleitende und entsprechend tief in der Persönlichkeit verwurzelte Fehlhaltung und alles andere psychotherapeutische Behandeln bedeute nur minderwertigen Ersatz, Stückwerk, Selbsttäuschung des Arztes usw. Dieser gefährliche Irrtum konnte nur in … Arbeitskreisen entstehen, wo die Fühlung mit allgemeinärztlicher Arbeit … verlorengegangen ist.“ (J. H. Schultz, Die seelische Krankenbehandlung, Stuttgart 1958.)

Auch eine nicht psychoanalytisch orientierte Psychotherapie hat Erfolge zu verzeichnen. Dies gilt im besonderen von der behavioristischen und reflexologischen Schule. Freilich lassen sich diese Erfolge potenzieren, sobald auch der Einstieg in die eigentlich menschliche Dimension gewagt wird. Was diesen Plusfaktor ausmachen mag, verrät uns N. Petrilowitsch, wenn er meint, die Logotherapie verbleibe im Gegensatz zu allen anderen Psychotherapien nicht in der Ebene der Neurose, sondern gehe über sie hinaus und stoße in die Dimension der spezifisch humanen Phänomene vor („Über die Stellung der Logotherapie in der klinischen Psychotherapie", Die medizinische Welt 2790, 1964). Tatsächlich sieht z. B. die *Psychoanalyse* in der Neurose das Resultat psychodynamischer Prozesse und versucht demgemäß, die Neurose dadurch zu behandeln, daß sie neue psychodynamische Prozesse ins Spiel bringt, etwa die Übertragung; die lerntheoretisch engagierte *Verhaltenstherapie* sieht in der Neurose wieder das Produkt von Lernprozessen oder conditioning processes und bemüht sich dementsprechend, die Neurose dadurch zu beeinflussen, daß sie eine Art Umlernen bzw. reconditioning processes in die Wege leitet. Demgegenüber steigt die Logotherapie in die menschliche Dimension ein und wird solcherart instand gesetzt, die spezifisch humanen Phänomene, auf die sie dort stößt, in ihr Instrumentarium aufzunehmen.

Weder läßt sich jede Methode in jedem Falle mit den gleichen Erfolgsaussichten anwenden, noch kann jeder Therapeut jede Methode mit der gleichen Wirksamkeit handhaben. Und was für die Psychotherapie im allgemeinen gilt, gilt im besonderen auch für *die Logotherapie.* Mit einem Wort, sie *ist kein Allheilmittel!*

Im Gegensatz zu J. H. R. Vanderpas, der zu behaupten wagt: „Die Logotherapeuten können auch ohne Psychoanalyse arbeiten", vertritt E. K. Ledermann vom Marlborough Day Hospital, London, die Auffassung, eine Existenzanalyse schließe die Notwendigkeit einer Libido-Analyse nicht aus und die letztere möge gerade notwendig sein, um die erstere erfolgreich zu machen. Dem aber steht entgegen, was G. R. Heyer erklärt: „Es ist der oft zu lesenden Annahme zu widersprechen, daß in einer tiefenpsychologischen Behandlung ein abbauend-‚analytischer'

Teil von einem später nachfolgenden aufbauend-‚synthetischen' Abschnitt ergänzt würde. Derartige Vorstellungen sind abwegig und denken mechanistisch: als würde die Psyche (Freuds ‚Seelenapparat') erst einmal auseinandergenommen und dann wieder ‚auf neu' zusammengebastelt. Wer vielmehr nicht von der ersten Stunde an und wer nicht auch in der kritischen Phase immer und unbeirrt das Positive, das Ganze und Heile, den ‚gemeinten Menschen' und seine geheime Gestalt im Auge hat und innerlich anspricht, der versäumt den entscheidenden Ansatz jedweder Menschenführung und -behandlung! Darstellungen wie die genannte – von den zwei säuberlich getrennten Phasen – verraten, daß diese Autoren noch tief im Bann orthodoxen Freudianismus stecken." Schließlich bringt A. Maeder Analoges zum Ausdruck, wenn er beschwörend und warnend formuliert: „Kein Schema wie: zuerst Analyse, dann Synthese." „Mir will es nicht einleuchten, daß ich jedesmal das Haus vom Keller her und durch den Keller betreten muß und jede Reparatur von unten beginnen muß." (Franz Jachym, Katholik und Psychotherapie, Wien 1954.) Wir aber erinnern uns in diesem Zusammenhang daran, daß es Freud selbst war, der die Psychoanalyse solcherart verstand: „Ich habe mich immer nur im Parterre und Souterrain des Gebäudes aufgehalten", schrieb er an Ludwig Binswanger.

Wie wenig eine Psychoanalyse obligaterweise der logotherapeutischen Existenzanalyse voranzugehen hat, möge aus folgenden zwei Fällen hervorgehen:

Judith K. leidet seit 13 Jahren an einer schweren Platzangst. War bereits bei prominenten Fachkollegen, wurde einmal hypnotisiert, ein andermal einer Narkoanalyse unterzogen und hat in einer Nervenheilanstalt mehrere Elektroschocks erhalten; doch blieben all diese Maßnahmen ohne Erfolg. Am dreizehnten Tag der von unserem Mitarbeiter Dr. Kocourek geleiteten Logotherapie vermag die Patientin – die 13 Jahre lang nicht allein das Haus zu verlassen vermocht hatte! – ohne Begleitung auf die Straße zu gehen. Nach einer Behandlungsdauer von insgesamt bloß vier Wochen wird sie aus der Poliklinik entlassen und bleibt beschwerdefrei auch für die Zeit periodisch wiederholter Kontrollen; bei dieser Gelegenheit ergibt sich nur noch, daß sie

– nach vierjähriger Karenz – auch die sexuelle Beziehung mit ihrem Mann wieder aufgenommen hat. Verfehlt wäre es, die Ätiologie einer solchen Neurose auf Grund der sexuellen Abstinenz zu konstruieren – während in Wirklichkeit gerade das Gegenteil stimmt: daß nämlich die sexuelle Karenz nicht die Ursache, vielmehr eine bloße Wirkung der Neurose darstellt, nicht anders als die sexuelle Rehabilitierung eine (Neben-)Wirkung unserer Therapie!

Dieser Fall erinnert uns an eine andere Patientin, Frau Hede R. 14 Jahre lang litt die Patientin an einer schweren Zwangsneurose. Ihre Schubladen muß sie, um sich zu vergewissern, daß sie auch wirklich geschlossen sind, nach einem bestimmten Rhythmus abklopfen. Wiederholt klopfte sie sich ihre Knöchel wund und brach Schlüssel ab – durch die ständigen Kontrollen, ob die Schubladen auch wirklich geschlossen sind. Sie wird stationär aufgenommen und Frau Dr. Kozdera zwecks Logotherapie übergeben. Zwei Tage nach Beginn der Behandlung ist sie so weit, daß sie nichts mehr kontrollieren muß. Bemerkenswerterweise erst nach diesem therapeutischen Effekt ergibt eine Aussprache, daß der Bruder der Patientin, als diese fünf Jahre alt war, deren Lieblingspuppe ruinierte, woraufhin die Patientin begann, ihr Spielzeug einzuräumen. Als sie im Alter von 16 Jahren stand, zog ihre Schwester hinter dem Rücken der Patientin deren Kleider an, und daraufhin wurden auch diese eingesperrt. Wie es sich zeigt, hätte auch dann, wenn das infantile oder das pubertative psychische Trauma wirklich pathogen gewesen wäre, dessen Aufgedecktwerden im Sinne aufdeckender Psychotherapie einen Erfolg nur vorgetäuscht, der in Wirklichkeit auf anderen Wegen zustande gekommen war.

Selbstverständlich bleibt es dabei, daß zunächst einmal all das in Ordnung gebracht werden muß, was – wenn ich so sagen darf – die naturale Bedingung der Möglichkeit der geistig personalen Existenz des Menschen darstellt; verfehlt wäre es nur, wollten wir die Störungsquellen so einseitig und ausschließlich ins Psychische lokalisieren, wie es immer wieder geschieht. Das hieße, sie fehllokalisieren; denn nicht nur das Psychische kann pathogen sein, sondern auch das Somatische und das Noëtische.

Die Psychoanalyse jedoch läßt sich in ätiologischer Hinsicht eine doppelte Einseitigkeit zuschulden kommen, ihr Gesichtsfeld ist durch zwei Scheuklappen eingeengt; aber die beiden Scheuklappen befinden sich nicht rechts und links, sondern oben und unten: einerseits vernachlässigt die Psychoanalyse, indem sie sich auf eine Psychogenese festlegt, die Somatogenese und andererseits die Noogenese neurotischer Erkrankungen.

Wir wenden uns zuerst der Somatogenese zu. Ein konkreter Fall: Von der behandelnden Ärztin werde ich als Konsiliarius zu einer jungen Patientin gerufen, die sich bettlägerig in einem Sanatorium befindet. Fünf Jahre hindurch war sie von einer Psychoanalytikerin ohne den geringsten therapeutischen Effekt behandelt worden. Als ihr schließlich die Geduld gerissen war und sie der Psychoanalytikerin vorschlug, die Behandlung zu unterbrechen, erklärte die Psychoanalytikerin der Patientin gegenüber, von einer Unterbrechung könne nicht die Rede sein, da die Behandlung noch nicht begonnen habe, vielmehr die ganze Zeit über am Widerstand der Patientin gescheitert sei... Ich selbst verordnete Desoxykortikosteronazetat-Injektionen, und wenige Monate später erfuhr ich seitens der behandelnden Kollegin, daß die Patientin wieder völlig arbeitsfähig geworden war, ihr Universitätsstudium fortsetzen und ihre Dissertation zustande bringen konnte. Es hatte sich um eine Unterfunktion der Nebennierenrinde unter dem klinischen Bilde eines Depersonalisationssyndroms gehandelt.

Gehen Unterfunktionen der Nebennierenrinde mit dem von mir beschriebenen und als solches bezeichneten „Psychadynamischen Syndrom" (Depersonalisation, kombiniert mit Konzentrations- und Merkfähigkeitsstörungen) einher, so Überfunktionen der Schilddrüse, wie ich ebenfalls nachweisen konnte, mit einer Agoraphobie, und zwar nicht selten als psychischem Monosymptom, und – wie jene auf Desoxykortikosteronazetat – sprechen diese Fälle auf Dihydroergotaminmethansulfonat an. So wurde unserer Abteilung ein Fall eingewiesen, der durch Monate anderwärts untersucht und behandelt worden war, mit dem Ergebnis, daß es sich um eine psychogene Erkrankung auf Grund eines Ehekonflikts handle, von dem überdies noch behauptet wurde, daß er unbehebbar sei. In Wirklichkeit handelte es sich, wie sich bei uns alsbald herausstellte, um keine psychogene, sondern eben bloß um eine Pseudoneurose; tatsächlich wurde die Patientin nach einigen wenigen Dihydroergotamin-Injektionen völlig beschwerdefrei, so daß sie dann schließlich auch dem Ehekonflikt, nach ihrer gesundheitlichen Wiederherstellung, in jeder Weise gewachsen war. Dieser Konflikt war also zwar unbestreitbar vorhanden, aber eben nicht pathogen und daher die Krankheit unserer Patientin nicht psychogen. Wäre jeder Ehekonflikt an sich schon pathogen, so würden vielleicht 90 Prozent der Verheirateten neurotisch sein.

Aber es ist nicht so, als ob beispielsweise die Überfunktion der Schilddrüse unmittelbar zu einer Platzangst führen würde; vielmehr ist es so, daß sie nichts anderes als eine bloße Angstbereitschaft mit sich bringt – welcher Angstbereitschaft sich dann erst noch eine Erwartungsangst bemächtigen muß, deren Mechanismus uns Psychotherapeuten ja wohlbekannt ist: ein an sich harmloses, flüchtiges Symptom erzeugt im Patienten die phobische Befürchtung seiner Wiederkehr. Diese Erwartungsangst verstärkt sodann das Symptom, und schließlich bestärkt das solcherart verstärkte Symptom den Patienten nur noch mehr in seiner Phobie. Dann ist der Teufelskreis geschlossen, hat sich der Patient in ihn eingeschlossen, eingesponnen wie in einen Kokon. Von solchen Fällen gilt: Ist der Wunsch der sprichwörtliche Vater des Gedankens, so die Angst die Mutter des Geschehens, nämlich des Krankheitsgeschehens. Die Erwartungsangst ist in vielen Fällen insofern das eigentlich Pathogene, als sie das Symptom überhaupt erst fixiert. Unsere Therapie aber hat dann gleichzeitig am psychischen und am somatischen Pol dieses Zirkelgeschehens den Hebel anzusetzen, indem sie sich einerseits gegen die Angstbereitschaft wendet – eben durch die zielende Medikation –, andererseits gleichzeitig aber auch gegen die Erwartungsangst – im Sinne dessen, was wir weiter unten noch als die Methode der paradoxen Intention zu besprechen haben werden. Auf diese Art und Weise wird der neurotische Zirkel in eine therapeutische Zange genommen.

Was ist es nun, das die Erwartungsangst provoziert? Typischerweise die so häufige Angst des Patienten vor der Angst selbst, und zwar fürchtet er sich vor allfälligen gesundheitlichen Folgen ängstlicher Erregung, indem er sich davor fürchtet, er könnte kollabieren oder der Herz- oder der Hirnschlag könnte ihn treffen. Aus Angst vor der Angst ergreift er die Flucht vor der Angst, er läuft vor der Angst davon, paradoxerweise indem er daheimbleibt; denn wir haben es hierbei mit dem agoraphobischen Reaktionsmuster zu tun. In diesem Sinne, das heißt im Sinne verschiedener Reaktionstypen, unterscheiden wir nämlich in der klinischen Logotherapie diverse Reaktionsmuster.

Wie der Angstneurotiker auf seine Angstanfälle mit der Angst vor der Angst, so reagiert der Zwangsneurotiker auf seine Zwangseinfälle mit einer Angst vor dem Zwang, und erst aus dieser Reaktion geht die eigentliche, klinisch manifeste Zwangsneurose hervor. Und zwar fürchten sich die betreffenden Patienten vor ihren Zwangseinfällen deshalb, weil sie in ihnen entweder Vorboten oder bereits Anzeichen einer Psychose sehen, oder aber sie fürchten sich davor, Zwangsimpulse in die Tat umzusetzen. Aber im Gegensatz zum angstneurotischen Typus, der sich aus Furcht vor der Angst auf die Flucht vor der Angst begibt, reagiert der zwangsneurotische Typus damit, daß er aus Angst vor dem Zwang den Kampf gegen den Zwang aufnimmt: während der Angstneurotiker vor der Angst davonläuft, läuft der Zwangsneurotiker gegen den Zwang Sturm – und in vielen Fällen von Zwangsneurose ist erst dieser Mechanismus das eigentlich Pathogene.

Im Sinne konstitutioneller Grundlagen läßt sich eine psychopathische Anlage nachweisen, und zwar ist es die anankastische Psychopathie, auf die sich, je nachdem, diese oder jene Ausprägung der Angst des Patienten vor sich selbst aufpfropft. Die anankastische Psychopathie – das Substrat seiner Zwangsneurose – ist nicht der (geistigen) Person des Patienten zurechenbar, haftet vielmehr seinem (seelischen) Charakter an. In dieser Hinsicht ist der Patient weder frei noch verantwortlich – nur um so mehr ist er es jedoch hinsichtlich seiner Einstellung gegenüber dem Anankasmus. Worauf es therapeutisch ankommt, das ist, den Spielraum solcher Freiheit zu erweitern – indem Distanz geschaffen wird zwischen dem Menschlichen im Kranken und dem Krankhaften am Menschen. Solche Therapie ist keine symptomatische; im Gegenteil: sie kümmert sich nicht viel um das Symptom, sondern wendet sich an die Person des Patienten – so zwar, daß sie um eine Änderung seiner Einstellung zum Symptom bemüht ist. Insofern als die Logotherapie sich gerade nicht an das Symptom wendet, sondern einen Einstellungswandel, eine personale Umstellung gegenüber dem Symptom herbeizuführen versucht, ist sie echte personalistische Psychotherapie.

Im Gegensatz zum angstneurotischen und zum zwangsneurotischen sehen wir dann beim sexualneurotischen Reaktionsmuster, wie ein seiner Sexualität aus irgendeinem Grunde unsicher gewordener Patient auf eben diese Unsicherheit damit reagiert, daß er entweder die Sexuallust zu forciert intendiert oder aber den Sexualakt zu forciert reflektiert. In ersterem Falle macht er den Akt zum Programm; aber Lust läßt sich nicht intendieren, sondern Lust kann eigentlich nur im Sinne eines Effekts zustande kommen, von selbst, eben ohne intendiert worden zu sein. Im Gegenteil, je mehr es einem um die Lust geht, um so mehr vergeht sie einem auch schon.

Und wenn wir vorhin meinten: die Furcht verwirklicht auch schon, was sie fürchtet, so ließe sich nunmehr sagen: der zu intensive Wunsch verunmöglicht auch schon, was er so sehr herbeiwünscht.

Dies macht sich die Logotherapie insofern zunutze, als sie versucht, den Patienten dazu anzuleiten, gerade das, wovor er sich so sehr fürchtet, wenn auch nur für Bruchteile von Sekunden, zu intendieren, also paradoxerweise sich zu wünschen bzw. sich vorzunehmen. Zumindest gelingt es dann, der Erwartungsangst den Wind aus den Segeln zu nehmen.

Die paradoxe Intention

Nun wollen wir uns aber der paradoxen Intention zuwenden, wie sie bereits in meiner 1939 publizierten Arbeit „Zur medikamentösen Unterstützung der Psychotherapie bei Neurosen“ (Schweizer Archiv für Neurologie und Psychiatrie 43, 26) beschrieben ist. In diesem Zusammenhang darf zunächst auf Fälle verwiesen werden, die in meinen Büchern „Theorie und Therapie der Neurosen“, „Die Psychotherapie in der Praxis“, „Der Wille zum Sinn“ und „Ärztliche Seelsorge“ besprochen werden. Im folgenden konzentrieren wir uns auf unpubliziertes Material.

Spencer M. aus San Diego, California, schreibt uns: „Zwei Tage, nachdem ich Ihr Buch ‚Man's Search for Meaning‘ gelesen hatte, befand ich mich in einer Situation, die mir Gelegenheit gab, die Logotherapie einmal auf die Probe zu stellen. An der Universität nehme ich nämlich an einem Seminar über Martin Buber teil, und während der ersten Zusammenkunft nahm ich mir kein Blatt vor den Mund, als ich glaubte, genau das Gegenteil von dem sagen zu müssen, was die anderen gesagt hatten. Da begann ich auf einmal, mächtig zu schwitzen. Und sobald ich das bemerkt hatte, bekam ich es mit der Angst zu tun, die anderen könnten es merken, woraufhin ich erst recht zu schwitzen begann. Plötzlich fiel mir der Fall eines Arztes ein, der Sie wegen seiner Angst vor Schweißausbrüchen konsultiert hatte, und ich dachte mir, meine Situation sei doch ähnlich. Aber ich halte nicht viel von der Psychotherapie und von der Logotherapie am allerwenigsten. Aber nur um so mehr schien mir meine Situation eine einmalige Gelegenheit zu sein, um die paradoxe Intention einmal auszuprobieren. Was war es doch, was Sie Ihrem Kollegen geraten hatten? Er möge sich zur Abwechslung einmal wünschen und vornehmen, den Leuten zu zeigen, wie tüchtig er schwitzen kann – ‚bisher hab' ich nur 1 Liter zusammengeschwitzt, jetzt aber will ich 10 Liter herausschwitzen', heißt es in Ihrem Buch. Und während ich im Seminar weitersprach, sagte ich mir: Tu doch auch du einmal deinen Kollegen was vorschwitzen, Spencer! Aber so richtig – das ist noch gar nichts –, noch viel mehr sollst du schwitzen! Und es vergingen nicht mehr als ein paar Sekunden, und ich konnte beobachten, wie meine Haut trocken wurde. Innerlich mußte ich lachen. War ich doch nicht darauf gefaßt, daß die paradoxe Intention wirken wird, und noch dazu sofort. Zum Teufel noch einmal, sagte ich mir, da muß was dran sein, an dieser paradoxen Intention – das hat hingehaut, und dabei bin ich doch so skeptisch gegenüber der Logotherapie."

Einem Bericht von Mohammed Sadiq entnehmen wir folgenden Fall: „Frau N., eine 48 Jahre alte Patientin, litt an Zittern, und zwar in dem Maße, daß sie außerstande war, eine Schale Kaffee oder ein Glas Wasser zu halten, ohne etwas zu verschütten. Auch konnte sie weder schreiben noch ein Buch ruhig genug halten, um lesen zu können. Eines Morgens ergab es sich, daß wir einander allein gegenübersaßen und sie wieder einmal zu zittern begann. Daraufhin beschloß ich, einmal die paradoxe Intention zu versuchen, und zwar richtig mit Humor. So begann ich denn: Wie wär's, Frau N., wenn wir einmal ein Wettzittern veranstalteten? – Sie: Was soll das heißen? – Ich: Wir wollen einmal sehen, wer schneller und wer länger zittern kann. – Sie: Ich hab' nicht gewußt, daß Sie ebenfalls an Zittern leiden. – Ich: Nein, nein – keineswegs; wenn ich aber will, dann kann ich zittern. (Und ich begann – und wie.) – Sie: Jö – Sie können's ja schneller als ich. (Und lächelnd begann sie, ihr Zittern zu beschleunigen.) – Ich: Schneller – los, Frau N., Sie müssen viel schneller zittern. – Sie: Aber ich kann ja nicht – hören Sie auf, ich kann nicht mehr weiter. – Und sie war wirklich müde geworden. Sie stand auf, ging in die Küche und kam zurück – mit einer Schale Kaffee. Und sie trank sie aus, ohne auch nur einen Tropfen zu verschütten. Wann immer ich sie seither beim Zittern ertappe, brauche ich bloß zu sagen: Nun, Frau N., wie wär's mit einem Wettzittern?

Woraufhin sie zu sagen pflegt: Schon recht, schon recht. – Und das hat noch jedesmal geholfen."

George Pynummootil (USA) berichtet folgendes: „Ein junger Mann kam in meine Ordination, und zwar wegen eines schweren Blinzeltics, der immer auftrat, wenn er mit jemandem zu sprechen hatte. Da die Leute ihn zu fragen pflegten, was denn los sei, wurde er immer nervöser. Ich überwies ihn an einen Psychoanalytiker. Aber nach einer ganzen Reihe von Sitzungen kam er wieder, um mir zu melden, der Psychoanalytiker hätte nicht die Ursache finden, geschweige denn ihm helfen können. Daraufhin empfahl ich ihm, das nächste Mal, wenn er mit jemandem zu sprechen habe, soviel wie möglich mit den Augen zu zwinkern, um seinem Gesprächspartner zu zeigen, wie ausgezeichnet er das könne. Er aber meinte, ich müsse wohl verrückt geworden sein, wenn ich ihm mit solchen Empfehlungen komme, denn so was könne seinen Zustand ja nur verschlechtern. Und er ging. Dann aber kam er eines Tages wieder, und zwar, um mir ganz begeistert zu erzählen, was inzwischen geschehen war: Da er von meinem Vorschlag nichts gehalten hatte, dachte er auch nicht daran, ihn in die Tat umzusetzen. Das Zwinkern verschlimmerte sich aber, und als ihm eines Nachts wieder einfiel, was ich ihm gesagt hatte, sagte er sich: Jetzt hab' ich alles versucht, was es gibt, und nichts hat geholfen. Was kann schon passieren – versuchst halt 'mal, was der dir da empfohlen hat. Und als er am nächsten Tag dem erstbesten begegnete, nahm er sich vor, soviel wie möglich mit den Augen zu zwinkern – und zu seiner größten Überraschung war er einfach außerstande, es auch nur im geringsten zu tun. Von da an machte sich der Blinzeltic nie mehr bemerkbar."

Ein Universitätsassistent schreibt uns: „Ich hatte mich irgendwo vorzustellen, nachdem ich mich um einen Posten beworben hatte, an dem mir sehr gelegen war, da ich dann in der Lage gewesen wäre, Frau und Kinder nachkommen zu lassen nach Kalifornien. Ich war aber sehr nervös und bemühte mich riesig, einen guten Eindruck zu hinterlassen. Wann immer ich aber nervös werde, fangen meine Beine zu zucken an, und zwar in einem Ausmaß, daß es die Anwesenden merken müssen. Und so geschah's auch diesmal. Diesmal aber sagte ich mir: Jetzt werd' ich einmal diese Saumuskeln da so zwingen, zu zucken, daß ich nicht mehr sitzen bleiben kann, sondern aufspringen muß und im Zimmer so lange herumtanzen, bis die Leute glauben, daß ich überg'schnappt bin. Diese Saumuskeln werden heute zucken wie noch nie – heut' gibt's einen Zuckrekord. – Nun, die Muskeln haben während der ganzen Besprechung kein einziges Mal gezuckt, ich hab' den Posten bekommen, und meine Familie wird bald hier in Kalifornien sein."

Sadiq, den wir bereits zitiert haben, behandelte einmal eine 54 Jahre alte Patientin, die von Schlafmitteln abhängig geworden und dann in ein Spital eingeliefert worden war: „Um 10 Uhr abends kam sie aus ihrem Zimmer heraus und bat um ein Schlafmittel. Sie: Darf ich um meine Pillen bitten? Ich: Tut mir leid – die sind heute ausgegangen, und die Schwester hat vergessen, rechtzeitig neue zu bestellen. Sie: Wie soll ich jetzt schlafen können? Ich: Heute wird's eben ohne Schlafmittel gehen müssen. – Zwei Stunden später erscheint sie wieder. Sie: Es geht einfach nicht. Ich: Und wie wär's, wenn Sie sich wieder hinlegten und zur Abwechslung einmal versuchten, nicht zu schlafen, sondern – im Gegenteil – die ganze Nacht aufzubleiben? Sie: Ich hab' immer geglaubt, ich bin verrückt, aber mir scheint, Sie sind's auch. Ich: Wissen Sie, manchmal macht's mir Spaß, verrückt zu sein, oder können Sie das nicht verstehen? Sie: War das Ihr Ernst? Ich: Was denn? Sie: Daß ich versuchen soll, nicht zu schlafen. Ich: Natürlich war das mein Ernst. Versuchen Sie's doch einmal! Wir wollen einmal sehen, ob Sie die ganze Nacht wach bleiben können. Nun? Sie: O.K. – Und als die Schwester morgens ihr Zimmer betrat, um ihr das Frühstück zu bringen, war die Patientin noch immer nicht erwacht."

Es ist erstaunlich, wie häufig auch Laien die paradoxe Intention mit Erfolg auf sich selbst anwenden. Vor uns liegt der Brief einer 14 Jahre lang an Platzangst Leidenden, die 3 Jahre lang ohne Erfolg in orthodox-psychoanalytischer Behandlung gestanden war. 2 Jahre lang wurde sie von einem Hypnotiseur behandelt, woraufhin sich ihre Platzangst ein wenig besserte. Für die Dauer von 6 Wochen mußte sie sogar interniert werden. Nichts half wirklich. Immerhin schreibt die Kranke: „Nothing has really changed in 14 years. Every day of those years was hell." Dann war es wieder einmal so weit, daß sie auf der Straße umkehren wollte. So arg überkam sie die Platzangst. Da fiel ihr ein, was sie in meinem Buch „Man's Search for Meaning" gelesen hatte, und sie sagte sich: „Jetzt werd' ich einmal all den Leuten rings um mich hier auf der Straße zeigen, wie ausgezeichnet ich das alles kann: in Panik geraten und kollabieren." Und auf einmal war sie ruhig. Sie setzte ihren Weg zum Supermarket fort und besorgte ihre Einkäufe. Als es aber dann zum Zahlen kam, geriet sie in Schweiß und begann zu zittern. Da sagte sie sich: „Dem Kassier da werd' ich jetzt einmal wirklich zeigen, was ich zusammenschwitzen kann. Der wird Augen machen." Erst auf dem Rückweg bemerkte sie, wie ruhig sie geworden war. Und so ging es weiter. Nach wenigen Wochen war sie imstande, mit Hilfe der paradoxen Intention die Platzangst so weit zu beherrschen, daß sie manchmal nicht glauben konnte, daß sie krank gewesen war.

Auf dem Symposion über Logotherapie, das im Rahmen des 6. Internationalen Kongresses für Psychotherapie veranstaltet wurde, referierte Dr. Gerz, der klinische Direktor des Connecticut State Hospital in den USA, folgende Krankengeschichten:

A. V., 45 Jahre alt, verheiratet, Mutter eines 16jährigen Sohnes, weist eine Krankengeschichte von 24(!) Jahren Dauer auf, während welcher Zeitspanne sie an einem schwersten phobischen Syndrom zu leiden hatte, bestehend aus Klaustrophobie, Agoraphobie, Höhenangst, Angst vor Aufzügen, Überschreiten von Brücken und dergleichen mehr. Wegen all dieser Beschwerden war sie volle 24 Jahre hindurch von verschiedenen Psychiatern behandelt worden, unter anderem auch wiederholte Male im Sinne ausgesprochener Langstrecken-Analysen. Die letzten 4 Jahre mußte sie in einer Anstalt verbringen. Trotz der Beruhigungsmittel, die sie erhielt, war sie ständig in höchster Erregung. Ebenso blieb einer $1^1/_2$jährigen intensiven psychoanalytischen Behandlung durch einen erfahrenen Analytiker ein Erfolg versagt. Am 1. März 1959 übernahm Dr. Gerz nun die Behandlung, und zwar mittels paradoxer Intention. 5 Monate später war die Patientin zum ersten Mal nach sage und schreibe 24 Jahren frei von irgendwelchen Symptomen. Bald danach wurde sie entlassen. Seither sind Jahre vergangen, in denen sie nunmehr im Kreise ihrer Familie ein normales und glückliches Leben führt.

Und nun der Fall eines zwangsneurotischen Patienten: Mr. M. P. ist ein 56jähriger verheirateter Rechtsanwalt, Vater eines 18jährigen College-Studenten. Vor 17 Jahren überkam ihn „ganz plötzlich, wie ein Blitz aus heiterem Himmel, die entsetzliche Zwangsvorstellung", er könnte seine Einkommensteuer um 300 Dollar zu niedrig eingeschätzt und dadurch den Staat betrogen haben – obzwar er sein Steuerbekenntnis nach bestem Wissen und Gewissen ausgearbeitet hatte. „Diese Idee konnte ich dann nicht mehr loswerden – sosehr ich mich auch bemühte", sagte er zu Dr. Gerz. Er sah sich schon wegen Betrugs staatsanwaltlich verfolgt, eingesperrt, sah die Zeitungen voll mit Artikeln über ihn und seine berufliche Position verloren. Er begab sich nun in ein Sanatorium, wo er erst psychotherapeutisch und dann mit 25 Elektroschocks behandelt wurde – ohne Erfolg. Inzwischen verschlimmerte sich sein Zustand dermaßen, daß er seine Rechtsanwaltskanzlei schließen mußte. In schlaflosen Nächten mußte er gegen Zwangsvorstellungen ankämpfen, die sich von Tag zu Tag mehrten. „Kaum daß ich eine los war, entwickelte sich auch schon eine andere", sagte er Dr. Gerz. Im besonderen plagte ihn die Zwangsvorstellung, seine diversen Versicherungsverträge könnten abgelaufen sein, ohne daß er es gemerkt hatte. Immer wieder mußte er sie überprüfen – und dann wieder in einen speziellen stählernen Safe sperren, jeden einzelnen Vertrag x-mal verschnürend. Schließlich ging er bei Lloyds in London eine für ihn ausgearbeitete Spezialversicherung ein, die ihn vor den Folgen irgendeines unbewußten und unbeabsichtigten Fehlers bewahren sollte, den er im Rahmen seiner Gerichtspraxis hätte begehen können. Bald war es aber auch mit dieser Gerichtspraxis aus; denn der Wiederholungszwang wurde derartig arg, daß der Patient in die Psychiatrische Klinik von Middletown aufgenommen werden mußte. Nun aber wurde auch seine paradoxe Intentionsbehandlung durch Dr. Gerz gestartet. Vier Monate hindurch stand er bei ihm in Logotherapie, und zwar dreimal pro Woche. Immer wieder wurde er angewiesen, folgende paradox intentionale Formulierungen zu verwenden: „Ich pfeif' auf alles. Der Teufel soll den Perfektionismus holen. Mir ist alles recht – von mir aus soll man mich einsperren. Je früher, desto besser! Mich fürchten vor den Folgen eines Fehlers, der mir unterlaufen sein könnte? Soll man mich doch verhaften – jeden Tag gleich dreimal! Wenigstens krieg' ich auf die Art mein Geld zurück, das schöne Geld, das ich den Herren in London in den Rachen geworfen hab' ..." Und nun begann er im Sinne paradoxer Intention sich geradezu zu wünschen, möglichst viele Fehler begangen zu haben, und sich vorzunehmen, noch mehr Fehler zu machen, seine ganze Arbeit durcheinanderzubringen und seinen Sekretärinnen zu beweisen, daß er „der größte Fehlermacher der Welt" sei. Und Dr. Gerz zweifelt nicht daran, daß die völlige Abwesenheit irgendwelcher Besorgnis auf seiner Seite – wie sie doch hinter seinen Instruktionen stehen mußte – mit im Spiel war, wenn der Patient nun imstande war, nicht nur paradox zu intendieren, sondern eben diese Intention auch möglichst humoristisch zu formulieren, wozu Dr. Gerz selbstverständlich beitragen mußte, beispielsweise, indem er ihn in seiner Ordination etwa wie folgt begrüßte: „Was – um Himmels willen! Sie laufen noch immer frei herum? Ich dachte, Sie sitzen schon längst hinter Gittern – und ich hab' schon in den Zeitungen nachgeschaut, ob die denn noch immer nicht über den großen Skandal berichten, den Sie verursacht haben." Daraufhin pflegte der Patient in lautes Gelächter auszubrechen – und in zunehmendem Maße diese ironisierende Haltung selber und seinerseits einzunehmen, sich selbst und seine eigene Neurose zu ironisieren, z.B., indem er sagte: „Mir ist alles wurst – soll'n sie mich einsperren; höchstens geht die Versicherungsgesellschaft bankrott." Nun ist es über ein Jahr her, daß die Behandlung abgeschlossen ist. „Diese Formeln – was Sie da paradoxe Intention nennen, Herr Doktor –, das hat bei mir eingeschlagen; das hat wie ein Wunder gewirkt, kann ich Ihnen nur sagen: In 4 Monaten ist es Ihnen gelungen, aus mir einen ganz anderen Menschen zu machen. Freilich, hie und da kommt mir irgendeine von den alten Befürchtungen in den Sinn; aber wissen Sie, jetzt kann ich damit sofort fertig werden – jetzt weiß ich eben, wie ich mit mir umzugehen hab'!"

Die paradoxe Intention wurde von mir bereits 1929 praktiziert

(Ludwig J. Pongratz, Psychotherapie in Selbstdarstellungen, Bern 1973), aber erst 1947 unter ihrem Namen publiziert (Viktor E. Frankl, Die Psychotherapie in der Praxis, Franz Deuticke, Wien 1947). Die Ähnlichkeit mit später auf den Markt gekommenen verhaltenstherapeutischen Behandlungsmethoden ist unverkennbar und ist auch einzelnen Verhaltenstherapeuten nicht verborgen geblieben. Nur um so bemerkenswerter ist es, daß der erste Versuch, die Wirksamkeit der paradoxen Intention experimentell zu beweisen, von Verhaltenstherapeuten unternommen wurde. Waren es doch die Professoren L. Solyom, J. Garza-Perez, B. L. Ledwidge und C. Solyom von der Psychiatrischen Klinik der McGill University, die in Fällen von chronischer Zwangsneurose jeweils zwei gleich intensiv ausgeprägte Symptome auswählten und dann das eine, das Zielsymptom, mit paradoxer Intention behandelten, während das andere, das „Kontroll"-Symptom, unbehandelt blieb. Tatsächlich ergab sich, daß einzig und allein die jeweils behandelten Symptome dahinschwanden, und zwar innerhalb weniger Wochen. Und zu Ersatzsymptomen kam es in keinem einzigen Falle! („Paradoxical Intention in the Treatment of Obsessive Thoughts: A Pilot Study", Comprehensive Psychiatry 13, 291, 1972.)

Meinen Mitarbeitern Kurt Kocourek und Eva Kozdera ist es mit Hilfe dieser paradoxen Intentionsmethode gelungen, selbst alte Patienten mit inveterierten Zwangsneurosen kurzfristig so weit zu bringen, daß sie wieder arbeitsfähig werden konnten. Solche therapeutischen Behandlungsergebnisse beweisen nicht zuletzt, daß die sogenannte Kurztherapie kurz und gut sein kann.

Dazu kommt aber noch, daß „das vielfach geäußerte Bedenken, es müsse einer Symptombeseitigung in solchen Fällen notwendigerweise die Bildung eines Ersatzsymptomes oder eine andere innere Fehlhaltung folgen, eine in dieser Allgemeinheit völlig unbegründete Behauptung ist" (J. H. Schultz, Acta Psychotherapeutica 1, 33, 1953). Aber es soll auch nicht der Eindruck erweckt werden, als ob die Logotherapie in allen Fällen, in denen sie Erfolg hat, diesen Erfolg auch in so kurzer Zeit zustande bringt wie in den Fällen, die ich zitiere, weil sie sich didaktisch eignen.

Die Dereflexion

Das Charakteristikum des sexualneurotischen Reaktionsmusters ist der Kampf um die Lust. Und wieder können wir beobachten, wie sich der Patient in einem Teufelskreis verfängt. Der Kampf um die Lust, der Kampf um Potenz und Orgasmus, der Wille zur Lust, die forcierte, eine Hyperintention der Lust bringt einen nicht nur um die Lust, sondern bringt auch eine ebenso forcierte, eine Hyperreflexion mit sich: man beginnt, während des Aktes sich selbst zu beobachten und womöglich auch den Partner zu belauern. Um die Spontaneität ist es dann geschehen.

Ein konkreter Fall: Frau S. wendet sich wegen ihrer Frigidität an uns. In der Kindheit wurde die Patientin vom eigenen Vater geschlechtlich mißbraucht. Heuristisch tun wir jedoch so, als ob so etwas wie ein psychosexuelles Trauma nicht existierte; vielmehr fragen wir die Patientin, ob sie etwa erwartet habe, durch den Inzest geschädigt worden zu sein. Die Patientin bestätigt unsere Vermutung, und zwar sei sie hierbei unter dem Einfluß einer populär gehaltenen Lektüre gestanden, die eine vulgär interpretierte Psychoanalyse zum Inhalt hatte. „Dies muß sich rächen", so lautete die Überzeugung der Patientin. Mit einem Wort, es etablierte sich eine Erwartungsangst. Im Banne dieser Erwartungsangst aber war die Patientin, wann immer es zu einem intimen Beisammensein mit ihrem Partner kam, „auf der Lauer"; denn die Patientin wollte sich endlich einmal in ihrer Weiblichkeit bewähren und bestätigen. Eben damit war jedoch ihre Aufmerksamkeit aufgeteilt zwischen dem Partner und ihr selbst. All dies mußte aber auch schon den Orgasmus vereiteln; denn in dem Maße, in dem man auf den Sexualakt achtgibt, in ebendemselben Maße ist man auch schon unfähig, sich hinzugeben.

Es ist klar, daß so, wie an Stelle der pathogen forcierten Intention therapeutisch die paradoxe Intention zu treten hat, in analoger Weise die ebenso pathogene Hyperreflexion eine Dereflexion als Korrektiv notwendig macht. Nicht selten werden wir sehen, daß es, um ein Symptom aufzulösen, nur notwendig ist, die Aufmerksamkeit abzulösen, die um dieses Symptom fokal zentriert war. Dies geschah im Falle meiner Patientin S. Ich redete ihr ein, ich hätte im Augenblick keine Zeit, die Behandlung zu übernehmen, und bestellte sie in 2 Monaten wieder. Bis dahin aber möge sie sich nicht weiter um ihre Fähigkeit beziehungsweise Unfähigkeit zum Orgasmus kümmern – die würde dann im Rahmen der Behandlung ausgiebig zur Sprache kommen –, sondern nur um so mehr während des Geschlechtsverkehrs ihre Aufmerksamkeit dem Partner zuwenden. Und der weitere Verlauf gab mir recht. Was ich insgeheim erwartet hatte, trat ein. Die Patientin kam nicht erst nach 2 Monaten wieder, sondern bereits nach 2 Tagen – geheilt. Die bloße Ablösung der Aufmerksamkeit von sich selbst, von ihrer eigenen Fähigkeit beziehungsweise Unfähigkeit zum Orgasmus – kurz: eine Dereflexion – und die nur um so unbefangenere Hingabe an den Partner hatten genügt, um erstmalig den Orgasmus herbeizuführen!

Was war geschehen? Die Patientin war das Opfer einer forcierten Intention des Orgasmus geworden. In der Logotherapie sprechen wir da von einer Hyperintention. Zu ihr gesellt sich dann für gewöhnlich, was wir in der Logotherapie als Hyperreflexion bezeichnen, nämlich die übermäßige Hinlenkung und Zuwendung der Aufmerksamkeit auf den Sexualakt selbst. Die verkrampfte Hyperintention und die lähmende Hyperreflexion schließen sich dann zusammen zu einem Teufelskreis – schließen die Patientin in ihm ein. Und wie war es möglich, sie aus ihm wieder zu befreien? Dies geschah im Wege einer in der Logotherapie so benannten Dereflexion.

Nun aber zur männlichen Impotenz. Und zwar haben wir uns zunächst einmal zu fragen, was in solchen Fällen den Patienten dazu bewegt, seine Potenz so sehr zu „hyperintendieren", daß auch schon eine Potenzstörung resultiert. Eigene Forschungen haben nun ergeben, daß der Potenzgestörte den Koitus als etwas erlebt, das von ihm verlangt und gefordert wird. Mit einem Wort, der Koitus nimmt „Forderungscharakter" an. Sei es, daß der Zwang, den Koitus zu „leisten", von der gegebenen Situation ausgeht oder vom Patienten selbst, der den Koitus sozusagen programmiert hat. Unter Umständen geht die Forderung aber von der Partnerin aus, und sei es auch nur, daß sie die Initiative übernimmt, was ein in sexueller Beziehung verunsicherter Mann nicht zu vertragen scheint. Irgendwie ist es ja auch menschlich verständlich. Aber mehr als das: Konrad Lorenz berichtet einmal von einem Kampffisch-Weibchen, das er so weit dressieren konnte, daß es nicht wie gewöhnlich dem Männchen kokett davonschwimmt, sondern ihm energisch entgegenschwimmt; das Männchen „reagierte menschlich", wie es im Bericht heißt, und war komplett impotent.

Zu den aufgezählten drei Instanzen, von denen sich die Patienten zur Sexualität gedrängt fühlen, kommen nun neuerdings zwei weitere Faktoren hinzu. Zunächst einmal der Wert, den die Leistungsgesellschaft nicht zuletzt auch auf die sexuelle Leistungsfähigkeit legt. Die peer pressure, also die Abhängigkeit des einzelnen Individuums von seinesgleichen und davon, was die anderen, die Gruppe, der er angehört, für „in" hält – die peer pressure führt dazu, daß Potenz und Orgasmus forciert intendiert werden. Den Rest von Spontaneität, den die peer pressure noch unangetastet läßt, nehmen dem Menschen von heute dann die pressure groups. Wir meinen die sexuelle Vergnügungsindustrie und die Aufklärungsindustrie. Der sexuelle Konsumationszwang, auf den sie es abgesehen haben, wird durch die hidden persuaders an die Leute herangebracht, und die Massenmedien geben sich dazu her. Paradox ist nur, daß sich auch der junge Mensch von heute dazu hergibt, sich solcherart vom Industriekapital gängeln und von der Sexwelle schaukeln zu lassen, ohne es zu bemerken, wer ihn da manipuliert. Wer gegen die Heuchelei auftritt, sollte es auch dort tun, wo die Pornographie, damit es zu keiner Geschäftsstörung kommt, je nachdem für Kunst oder Aufklärung ausgegeben wird.

Neuerdings melden sich in der Literatur immer mehr Stimmen (Ginsberg, Frosch, Shapiro und Stewart), die auf die Zunahme von Potenzstörungen unter jungen Leuten aufmerksam machen und in diesem Zusammenhang – und eben ganz in Übereinstimmung mit dem vorhin besprochenen „Forderungscharakter“ – darauf verweisen, daß fürs erste die Pille, dann aber auch die „women's liberation“ den Frauen die sexuelle Initiative in die Hände gespielt habe.

Der Hyperreflexion treten wir logotherapeutisch mit der Dereflexion entgegen, während zur Bekämpfung der in Fällen von Impotenz so pathogenen Hyperintention eine logotherapeutische Technik zur Verfügung steht, die auf das Jahr 1947 (Viktor E. Frankl, Die Psychotherapie in der Praxis, Wien 1947) zurückgeht. Und zwar empfehlen wir, den Patienten dazu zu bewegen, daß er den Sexualakt „nicht programmatisch sich vornimmt, sondern es bewenden läßt bei fragmentarisch bleibenden Zärtlichkeiten, etwa im Sinne eines mutuellen sexuellen Vorspiels“. Auch veranlassen wir „den Patienten, seiner Partnerin gegenüber zu erklären, wir hätten vorderhand ein strenges Koitusverbot erlassen“. Und die Erlassung dieses Koitusverbots muß der Patient auch der Partnerin melden. In ihrem eigenen Interesse wird sie daraufhin vermeiden, auf ihn noch weiter einen sexuellen Leistungsdruck auszuüben. Sobald aber diese subjektive Entlastung stattgefunden hat, darf sich der Patient sukzessive in immer weniger fragmentarische Formen des Vorspiels einüben, muß aber den eigentlichen Koitus so lange vertagen, bis er eines Tages vor dem „fait accompli“ steht.

William S. Sahakian und Barbara Jacquelyn Sahakian („Logotherapy as a Personality Theory“, Israel Annals of Psychiatry 10, 230, 1972) sind der Ansicht, daß die Forschungsergebnisse von W. Masters und V. Johnson unsere eigenen durchaus bestätigt haben. Tatsächlich ist ja auch die 1970 von Masters und Johnson entwickelte Behandlungsmethode der 1947 von uns publizierten und soeben skizzierten Behandlungstechnik in vielen Punkten sehr ähnlich. Im folgenden sollen aber unsere Ausführungen wieder einmal kasuistisch belegt werden.

Genauso wie die Dereflexion der Hyperreflexion entgegenwirkt, stellt das Koitusverbot die Hyperintention ab. Mitunter kann unser „Trick" nur ausgespielt werden, wenn weder der eine noch der andere Partner eingeweiht ist. Wie erfinderisch man in einer solchen Situation sein muß, erhellt aus folgendem Bericht, den ich Myron J. Horn – einem gewesenen Studenten von mir – verdanke: „Ein junges Paar suchte mich wegen der Impotenz des Mannes auf. Seine Frau hatte ihm wiederholt gesagt, daß er ein miserabler Liebhaber (‚a lousy lover') sei und sie nunmehr gedenke, sich mit anderen Männern einzulassen, um endlich einmal wirklich befriedigt zu werden. Ich forderte die beiden nun auf, eine Woche hindurch jeden Abend mindestens eine Stunde lang nackt miteinander im Bett zu verbringen und zu tun, was ihnen behagt, das einzige, das aber unter keinen Umständen zulässig ist, sei der Koitus. Eine Woche später sah ich sie wieder. Sie hätten versucht, meinten sie, meine Anweisungen zu befolgen, aber ‚leider' sei es dreimal zum Koitus gekommen. Ich gab mich erzürnt und bestand darauf, daß sie sich wenigstens in der kommenden Woche an meine Instruktionen halten. Es vergingen nur wenige Tage, und sie riefen mich an, um abermals zu berichten, daß sie außerstande gewesen waren, mir zu folgen, vielmehr war es jetzt sogar mehrmals täglich zum Koitus gekommen. Ein Jahr später erfuhr ich dann, daß es bei diesem Erfolg auch geblieben war."

Ein kalifornischer Sexualberater, Claude Farris, überließ mir einen Bericht, aus dem hervorgeht, daß die paradoxe Intention auch in Fällen von Vaginismus anwendbar ist. Für die Patientin, die in einem katholischen Kloster erzogen wurde, war die Sexualität ein strenges Tabu. In Behandlung kam sie wegen heftiger Schmerzen während des Koitus. Farris wies sie nun an, die Genitalgegend nicht zu entspannen, sondern die Scheidenmuskulatur möglichst zu innervieren, so daß es ihrem Mann unmöglich wird, in die Scheide einzudringen. Er wurde wieder angewiesen, alles daranzusetzen, diesen Widerstand zu überwinden. Eine Woche später erschienen die beiden abermals, um zu berichten, daß der Koitus das erste Mal in ihrem Eheleben schmerzfrei gewesen war. Rezidiv war keines zu verzeichnen.

Es zeigt sich also, daß in einem gewissen Sinne auch so etwas wie Entspannung nicht direkt intendierbar ist, sehr wohl aber im Wege einer paradoxen Intention, also der Intention des Gegenteils von Entspannung. Einer Arbeit von David L. Norris, einem kalifornischen Studenten von mir, entnehme ich die folgende Episode: Im Rahmen eines Forschungsauftrags mußte er mit Versuchspersonen experimentieren, die an einen Elektromyographen angeschlossen waren, um den Grad ihrer Entspannung zu messen. Unter diesen seinen Versuchspersonen gab es aber einen Mann, bei dem der Apparat immer wieder bis auf 50 Mikro-Ampere ausschlug: mit dem besten Willen – oder soll ich lieber sagen *wegen* des forcierten Wollens, *wegen* der Hyperintention? – konnte sich der Kerl einfach nicht recht entspannen. Bis der Versuchsleiter die Geduld verlor: „Aus Ihnen, Steve, wird nie ein anständiger Entspanner werden." Da platzte Steve der Kragen: „Zum Teufel mit der ganzen Entspannerei – ich scheiß' drauf, daß Sie's nur wissen!" Woraufhin der Zeiger des Apparats von 50 Mikro-Ampere auf 10 Mikro-Ampere hinuntersauste – in einem solchen Tempo, daß der Versuchsleiter glaubte, der Strom sei ausgefallen.

Der Wille zum Sinn

Wie gesagt, läßt die Psychoanalyse nicht nur die Somatogenese, sondern auch die Noogenese neurotischer Erkrankungen unberücksichtigt; aber Neurosen müssen nicht in einem Ödipuskomplex oder in einem Minderwertigkeitsgefühl wurzeln, sie können auch in einem geistigen Problem, in einem Gewissenskonflikt und in einer existentiellen Krise begründet sein.

Die Psychoanalyse hat uns kennen gelehrt den Willen zur Lust, als welchen wir das Lustprinzip auffassen können, und die Individualpsychologie hat uns vertraut gemacht mit dem Willen zur Macht in Form des Geltungsstrebens; aber noch viel tiefer verwurzelt ist im Menschen, was ich als den Willen zum Sinn bezeichne: sein Ringen um bestmögliche Sinnerfüllung seines Daseins.

Ist es also *nicht* so, daß der Mensch eigentlich und ursprünglich darnach strebt, glücklich zu sein? Hat denn nicht selbst Kant zugegeben, daß dies der Fall sei, und nur hinzugesetzt, der Mensch solle auch darnach streben, des Glücklichseins *würdig* zu sein? Ich würde sagen, was der Mensch wirklich will, ist letzten Endes nicht das Glücklichsein an sich, sondern ein *Grund* zum Glücklichsein. Sobald nämlich ein Grund zum Glücklichsein gegeben ist, stellt sich das Glück, stellt sich die Lust von selber ein. Im klinischen Alltag zeigt sich immer wieder, daß es gerade die Abwendung vom „Grund zum Glücklichsein" ist, die den sexualneurotischen Menschen – den potenzgestörten Mann beziehungsweise die frigide Frau – nicht glücklich werden läßt. Wodurch aber kommt diese pathogene Abwendung vom „Grund zum Glücklichsein" zustande? Durch eine forcierte Zuwendung zum Glück selbst, zur Lust selbst. Wie recht hatte doch Kierkegaard, als er einmal meinte, die Tür zum Glück gehe nach außen auf – wer sie „einzurennen“ versuche, dem verschließt sie sich nur.

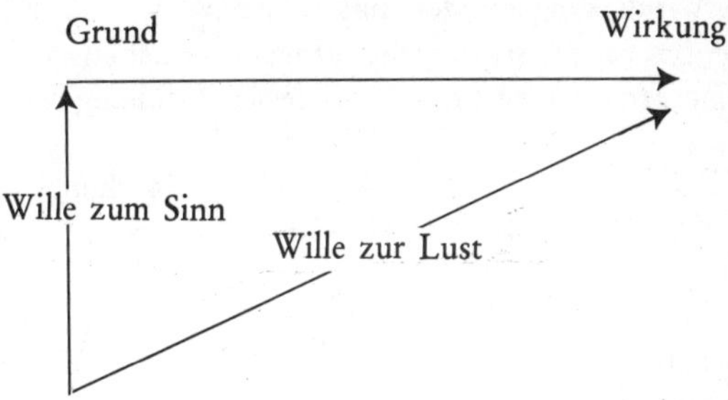

Wie können wir uns das aber erklären? Nun, auf Grund seines Willens zum Sinn ist der Mensch darauf aus, Sinn zu finden und zu erfüllen, aber auch anderem menschlichen Sein in Form eines Du zu begegnen, es zu lieben. Beides, Erfüllung und Begegnung, gibt dem Menschen einen *Grund* zum Glück und zur Lust. Beim Neurotiker aber wird dieses primäre Streben gleichsam abgebogen in ein *direktes* Streben nach Glück, in den Willen zur Lust. Anstatt daß die Lust das bleibt, was sie sein muß, wenn sie überhaupt zustande kommen soll, nämlich eine Wirkung (die Nebenwirkung erfüllten Sinns und begegnenden Seins), wird sie nunmehr zum Ziel einer forcierten Intention, einer Hyperintention. Mit der Hyperintention einher geht aber auch eine Hyperreflexion. Die Lust wird zum alleinigen Inhalt und Gegenstand der Aufmerksamkeit. In dem Maße aber, in dem sich der neurotische Mensch um die Lust kümmert, verliert er den *Grund* zur Lust aus den Augen – und die Wirkung „Lust“ kann nicht mehr zustande kommen.

Was aber die gängige Rede von Selbstverwirklichung anlangt, wage ich zu behaupten, daß sich der Mensch nur in dem Maße zu verwirklichen imstande ist, in dem er Sinn erfüllt. Der Imperativ von Pindar, demzufolge der Mensch werden soll, was er immer schon ist, bedarf einer Ergänzung, die ich in den Worten von Jaspers sehe: „Was der Mensch ist, das ist er durch die Sache, die er zur seinen macht." Wie der Bumerang, der zum Jäger, der ihn geschleudert hat, nur dann zurückkehrt, wenn er das Ziel, die Beute, verfehlt hat, so ist auch nur *der* Mensch so sehr auf Selbstverwirklichung aus, der zunächst einmal in der Erfüllung von Sinn gescheitert ist, ja, vielleicht nicht einmal imstande ist, einen Sinn auch nur zu finden, um dessen Erfüllung es ginge.

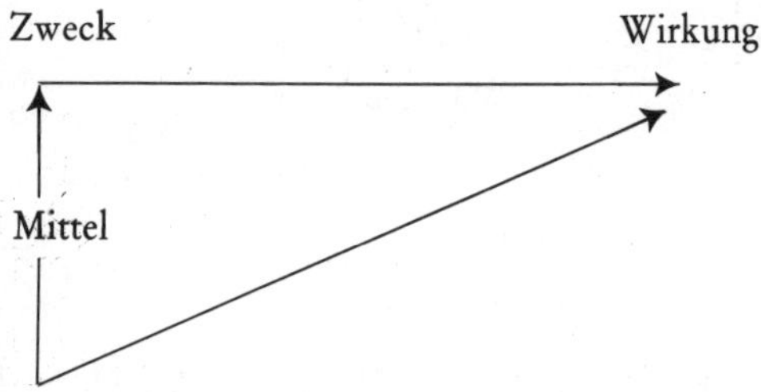

Analoges gilt ja auch vom Willen zur Lust und vom Willen zur Macht. Während aber die Lust eine Nebenwirkung der Sinnerfüllung ist, ist die Macht insofern ein Mittel zum Zweck, als die Sinnerfüllung an gewisse gesellschaftliche und wirtschaftliche Bedingungen und Voraussetzungen gebunden ist. Wann aber *ist* der Mensch auf die bloße Nebenwirkung „Lust" bedacht, und wann *beschränkt* er sich auf das bloße Mittel zum Zweck, Macht genannt? Nun, zur Ausbildung des Willens zur Lust beziehungsweise des Willens zur Macht kommt es jeweils erst dann, wenn der Wille zum Sinn frustriert wird, mit anderen Worten, das Lustprinzip ist nicht weniger als das Geltungsstreben eine neurotische Motivation. Und so läßt es sich denn auch verstehen, daß Freud und Adler, die ihre Befunde doch an Neurotikern erhoben hatten, die primäre Sinnorientierung des Menschen verkennen mußten.

Heute aber leben wir nicht mehr, wie zur Zeit von Freud, in einem Zeitalter der sexuellen Frustration. Unser Zeitalter ist das einer existentiellen Frustration. Und zwar ist es im besonderen der junge Mensch, dessen Wille zum Sinn frustriert wird. „Was sagt der jungen Generation von heute", fragt Becky Leet, die Chefredakteurin einer von den Studenten der University of Georgia herausgegebenen Zeitung, „Freud oder Adler? Wir besitzen die Pille, die von den Folgen sexueller Erfüllung befreit – heute gibt es keinen medizinischen Grund mehr, sexuell gehemmt zu sein. Und wir besitzen Macht – wir brauchen nur einen Blick zu werfen auf die amerikanischen Politiker, die vor der jungen Generation zittern, und auf Chinas Rote Garden. Aber Frankl sagt, daß die Leute heute in einem existentiellen Vakuum leben und daß sich das existentielle Vakuum vor allem durch Langeweile manifestiert. Langeweile – klingt doch ganz anders, nicht wahr? Viel vertrauter, nicht wahr? Oder kennen Sie zuwenig Leute rings um Sie herum, die über Langeweile klagten – ungeachtet der Tatsache, daß sie nur die Hand ausstrecken müssen, um alles zu besitzen – einschließlich Freuds Sex und Adlers Macht?"

Tatsächlich wenden sich heute mehr und mehr Patienten an uns mit dem Gefühl einer inneren Leere, wie ich sie als „existentielles Vakuum" beschrieben und bezeichnet habe, mit dem Gefühl einer abgründigen Sinnlosigkeit ihres Daseins. Und es wäre verfehlt, anzunehmen, daß es sich um ein Phänomen handelt, das sich auf die westliche Welt beschränkt. Vielmehr hat Osvald Vymetal ausdrücklich darauf aufmerksam gemacht, daß „diese Krankheit von heute, der Verlust des Lebenssinns, besonders bei der Jugend, ‚ohne Bewilligung' die Grenzen der kapitalistischen und der sozialistischen Gesellschaftsordnung überschreitet". Osvald Vymetal war es auch, der gelegentlich eines tschechoslowakischen Neurologenkongresses ex praesidio sich begeistert zu Pawlow bekannte und trotzdem erklärte, angesichts des existentiellen Vakuums finde der Seelenarzt mit einer nach Pawlow ausgerichteten Psychotherapie nicht mehr sein Auslangen. Und den Hinweis darauf, daß es bereits in den Entwicklungsländern zu beobachten ist, verdanken wir L. L. Klitzke („Students in Emerging Africa – Logotherapy in Tanzania", American Journal of Humanistic Psychology 9, 105, 1969) und Joseph L. Philbrick („A Cross-Cultural Study of Frankl's Theory of Meaning-in-Life").

Es ist eben so, wie Paul Polak es bereits 1947 vorausgesehen hatte, wenn er in einem Vortrag im Verein für Individualpsychologie meinte, „die Lösung der sozialen Frage würde die geistige Problematik erst eigentlich frei machen, sie erst eigentlich mobilisieren; der Mensch würde erst frei werden, sich selbst so richtig in Angriff zu nehmen, und würde das Problematische an sich selber, seine eigene Daseinsproblematik, so richtig erst erkennen". Und erst vor kurzem haute Ernst Bloch in die gleiche Kerbe, wenn er sagt: „Die Menschen bekommen jene Sorgen geschenkt, die sie sonst nur in der Todesstunde haben."

Die existentielle Frustration

Dem Psychiater von heute begegnet der Wille zum Sinn nicht selten in Form seiner Frustration. Es gibt also nicht nur die sexuelle Frustration, die Frustration des Sexualtriebs oder allgemeiner des Willens zur Lust, sondern eben auch eine existentielle Frustration, wie sie in der Logotherapie genannt wird, will heißen das Gefühl der Sinnlosigkeit der eigenen Existenz. Dieses Sinnlosigkeitsgefühl läuft heute dem Minderwertigkeitsgefühl den Rang ab, was die Ätiologie neurotischer Erkrankungen anlangt. Der Mensch von heute leidet nicht so sehr am Gefühl, daß er weniger Wert hat als irgendwer anderer, wie vielmehr unter dem Gefühl, daß sein Sein keinen Sinn hat. Eben diese existentielle Frustration ist mindestens so oft pathogen, das heißt mögliche Ursache seelischer Krankheiten, wie die diesbezüglich soviel inkriminierte sexuelle Frustration.

Der existentiell frustrierte Mensch kennt nichts, womit er sein existentielles Vakuum, wie ich es nennen möchte, auffüllen könnte. Schopenhauer hat gemeint, die Menschheit pendle zwischen Not und Langeweile. Nun, heute gibt uns, auch uns Neurologen, die Langeweile mehr zu schaffen als die Not – und die sogenannte Sexualnot ist hierbei nicht auszunehmen, sondern einzuschließen. Ja, immer wieder zeigt sich, daß hinter so manchem Fall von sexueller Frustration eigentlich die Frustration des Willens zum Sinn steht: erst in ein existentielles Vakuum hinein wuchert die sexuelle Libido.

Nun, die Langeweile kann, wie ja schon die Sprache lehrt, eine „tödliche" sein; tatsächlich wird von manchen Autoren behauptet, daß Selbstmorde letzten Endes auf jene innere Leere zurückzuführen seien, wie sie der existentiellen Frustration entspricht.

Heute kommt all diesen Fragen eine besondere Aktualität zu. Wir leben in einer Zeit zunehmender Freizeit. Aber es gibt nicht nur eine Freizeit von etwas, sondern auch eine Freizeit zu etwas; der existentiell frustrierte Mensch jedoch kennt nichts, womit er sie ausfüllen könnte.

Fragen wir uns nach den klinischen Hauptformen, in denen die existentielle Frustration uns gegenübertritt, so wäre unter anderem zu nennen die von mir beschriebene Arbeitslosigkeitsneurose (Sozialärztliche Rundschau, März 1933). So sind aber auch die Krisen der Pensionisten zu verstehen – ein für die heutige Altersmedizin aktuelles Problem. Man kann ruhig so weit gehen wie Hans Hoff, der erklärt: „Die Möglichkeit, seinem Leben einen Sinn zu geben, in dem auch die Zukunft von Interesse ist, mag in vielen Fällen das Auftreten von Alterspsychosen hintanhalten." Und wir verstehen die Weisheit, die aus den Worten von Harvey Cushing, dem größten Hirnchirurgen aller Zeiten, spricht – Percival Bailey hat sie in seinem Festvortrag aus Anlaß der 112. Jahrestagung der Amerikanischen Psychiatergesellschaft zitiert: „Es gibt nur eine einzige Art und Weise, das Leben auszuhalten: immer eine Aufgabe zu erfüllen haben." Aber auch ich selbst habe noch selten so viele Bücher aufgetürmt gesehen auf einem Schreibtisch – Bücher, die einer sie aufarbeitenden Lektüre noch harrten – wie auf dem Schreibtisch des Wiener Psychiatrieprofessors Josef Berze, als er 90 Jahre alt war.

Wie die Pensionistenkrise sozusagen eine permanente, eine ständige Arbeitslosigkeitsneurose darstellt, so gibt es auch eine flüchtige, eine periodische Arbeitslosigkeitsneurose, und zwar denke ich an die Sonntagsneurose, eine Depression, welche jene Menschen befällt, die der Inhaltsleere ihres Lebens bewußt werden, wenn am Sonntag die wochentägliche Betriebsamkeit sistiert und das existentielle Vakuum in ihnen aufbricht.

Für gewöhnlich freilich ist die existentielle Frustration keine manifeste, sondern eine latente. Das existentielle Vakuum kann auch larviert, maskiert bleiben, und wir kennen diverse Masken, hinter denen sich das existentielle Vakuum verbirgt. Denken wir bloß an die Krankheit der Manager, die sich aus ihrer Arbeitswut heraus in die Betriebsamkeit hineinstürzen, wobei der Wille zur Macht – um nicht zu sagen seine primitivste und banalste Ausprägung: der „Wille zum Geld“ – den Willen zum Sinn verdrängt!

Aber so wie die Manager selbst zuviel zu tun und darum zuwenig Zeit haben, als daß sie auch nur zum Aufatmen oder gar zu sich selbst kämen, so haben ihre Frauen vielfach zuwenig zu tun und darum zuviel Zeit und wissen mit dieser vielen Zeit nichts und am allerwenigsten etwas mit sich selbst anzufangen; und diese ihre innere Leere betäuben sie durch Trunksucht, Tratschsucht und Spielsucht... All diese Menschen sind auf der Flucht vor sich selbst, indem sie sich einer Form der Freizeitgestaltung hingeben, die ich als zentrifugal bezeichnen und einer solchen gegenüberstellen möchte, die den Menschen nicht nur Gelegenheiten zur Zerstreuung, sondern auch solche zur inneren Sammlung zu geben versucht.

Es gibt auch auf psychologischem und nicht nur auf physikalischem Gebiet den Horror vacui, die Angst vor der Leere. Im Versuch, das existentielle Vakuum durch Motorenlärm und Geschwindigkeitsrausch zu übertönen, sehe ich die psychodynamische vis a tergo der so rapide zunehmenden Motorisierung. Ich halte das beschleunigte Tempo des Lebens von heute für einen wenn auch vergeblichen Selbstheilungsversuch der existentiellen Frustration; denn je weniger der Mensch um ein Lebensziel weiß – nur desto mehr beschleunigt er auf seinem Lebensweg das Tempo. In diesem Sinne parodiert der Wiener Kabarettist Helmut Qualtinger einen halbstarken Motorradwildling in einem Song, in dem es heißt: „Ich hab' zwar keine Ahnung, wo ich hinfahr', aber dafür bin ich g'schwinder dort.“

Solch ein Ehrgeiz kann das eine oder andere Mal auch nach höher gesteckten Zielen greifen. So kenne ich einen Patienten, der den typischsten Fall von Managerkrankheit darstellt, dem ich jemals begegnete. Hatte man den Mann untersucht, so lag auf der Hand, daß er sich zu Tode arbeitete. Da ergab sich, warum er sich so sehr in seine Arbeit gestürzt und überarbeitet hatte: zwar war er reich genug – er besaß sogar ein Privatflugzeug; aber das war es auch: Er gestand, daß er nunmehr alles daransetzte, um sich an Stelle dieses gewöhnlichen Flugzeuges ein Düsenflugzeug leisten zu können.

Das Bekümmertsein um so etwas wie die Sinnhaftigkeit menschlichen Daseins, auch das Zweifeln an ihr, ja sogar das Verzweifeltsein im Hinblick auf eine vermeintliche Sinnlosigkeit menschlicher Existenz ist nun keineswegs ein krankhafter Tatbestand, ein pathologisches Phänomen, und wir haben uns vor einer derartigen Auffassung – man könnte von einem Pathologismus sprechen – gerade im klinischen Bereich zu hüten. Denn die Sorge um den Sinn seiner Existenz zeichnet ja den Menschen als solchen aus – kein Tier ließe sich vorstellen, das von solcher Sorge betroffen wäre –, und wir dürfen dieses Menschliche – mehr als dies: dieses Allermenschlichste am Menschen – nicht zu etwas bloß allzu Menschlichem machen, beispielsweise zu einer Schwäche, zu einer Krankheit, zu einem Symptom, zu einem Komplex.

Im Gegenteil: mir ist der konkrete Fall eines Patienten bekannt, der – von Beruf Universitätsprofessor – an meine Klinik gewiesen worden war wegen seiner Verzweiflung hinsichtlich eines Daseinssinns. Im Gespräch nun ergab sich, daß es sich bei ihm eigentlich um einen endogen depressiven Zustand handelte, nicht um einen psychogenen, also einen neurotischen, sondern um einen somatogenen, nämlich einen psychotischen Zustand. Nun stellte sich heraus, daß die Grübeleien über den Sinn seines Lebens nicht etwa, wie man hätte vermuten können, zu den Zeiten der depressiven Phasen ihn überkommen wären; vielmehr war er zu diesen Zeiten dermaßen hypochondrisch präokkupiert, daß er an so etwas gar nicht hätte denken können. Nur in den gesunden Intervallen kam es zu diesen Grübeleien! Mit anderen Worten, zwischen geistiger Not einerseits und andererseits seelischer Krankheit bestand im konkreten Falle sogar ein Ausschließungsverhältnis.

Aber nicht nur, daß die existentielle Frustration oder, wie wir sie ja auch nennen können, die Frustration des Willens zum Sinn keineswegs etwas Pathologisches darstellt: am allerwenigsten gälte dergleichen vom Willen zum Sinn selbst – er, der menschliche Anspruch auf ein möglichst sinnerfülltes Dasein, ist so wenig an sich auch schon etwas Krankhaftes, daß er im Sinne eines Therapeutikums mobilisiert werden kann – und muß. Dies zu besorgen ist ja eines der vornehmsten Anliegen der Logotherapie – als einer am Logos – und dies hieße im konkreten Zusammenhang: am Sinn orientierten (und den Patienten re-orientierenden!) Behandlung. Wobei es unter Umständen nicht nur darum geht, den Sinnwillen zu mobilisieren; sondern dort, wo er verschüttet, wo er unbewußt, wo er verdrängt war, gilt zunächst einmal, ihn überhaupt erst zu wecken.

Der Sinn des Leidens

Nun hat es der Arzt als solcher immer wieder mit leidenden Menschen zu tun und so denn auch mit unheilbar Kranken, Menschen also, die sich – und eben auch ihn – mit der Frage konfrontieren, ob ihr Leben, angesichts eben ihres unabänderlich gewordenen, ja unabwendbar gewesenen Leidens nicht ganz und gar sinnlos geworden ist. Der Arzt ist dann vor die Aufgabe gestellt, seinen Patienten nicht nur, wie es immer schon zu den Aufgaben ärztlichen Handelns gehört hatte, arbeits- und, darüber hinaus, auch noch genußfähig zu machen, sondern nun geht es um die Leidensfähigkeit, eine dritte Aufgabe.

Die Leidensfähigkeit aber ist letztlich nichts anderes als die Fähigkeit, das zu verwirklichen, was ich als Einstellungswerte bezeichne. Nicht nur das (der Arbeitsfähigkeit entsprechende) Schaffen kann nämlich dem Dasein Sinn geben – ich spreche dann von der Verwirklichung schöpferischer Werte –, und nicht nur das (der Genußfähigkeit entsprechende) Erleben, Begegnen und Lieben kann das Leben sinnvoll machen – ich spreche dann von Erlebniswerten –, sondern auch das Leiden; ja hierbei handelt es sich nicht bloß um irgendeine Möglichkeit, sondern um die Möglichkeit, den höchsten Wert zu verwirklichen, um die Gelegenheit, den tiefsten Sinn zu erfüllen.

Worauf es, ärztlich oder – besser gesagt: vom Kranken her gesehen, ankommt, ist die Haltung, in der sich einer der Krankheit stellt, die Einstellung, in der er sich mit der Krankheit auseinandersetzt. Mit einem Wort: worauf es ankommt, ist die rechte Haltung, ist das rechte, aufrechte Leiden echten Schicksals. Das Wie des Tragens notwendigen Leidens birgt möglichen

Sinn. Nun, muß uns hierzu nicht ein Gedicht von Julius Sturm einfallen, das Hugo Wolf vertont hat?

Über Nacht, über Nacht kommen Freud und Leid,
Und eh' du's gedacht, verlassen dich beid'
Und gehen, dem Herrn zu sagen,
Wie du sie getragen.

Tatsächlich: aufs Tragen kommt es an – darauf, wie man das Schicksal trägt, sobald man es nicht mehr in die Hand nehmen, vielmehr nur noch auf sich nehmen kann. Mit anderen Worten: Wo keine Handlung mehr möglich ist – die das Schicksal zu gestalten vermöchte –, dort ist es nötig, in der rechten Haltung dem Schicksal zu begegnen.

Nunmehr wird uns klar, mit welchem Recht Goethe sagen konnte: „Es gibt keine Lage, die man nicht veredeln könnte entweder durch Leisten oder Dulden." Nur daß wir es ergänzen müssen: Das Dulden, zumindest im Sinne des rechten, aufrechten Leidens echten Schicksals, ist selber und seinerseits eine Leistung – ja mehr als dies: nicht nur eine, sondern die höchste Leistung, die dem Menschen verstattet ist. Und so verstehen wir denn auch die Worte von Hermann Cohen: „Die höchste Würde des Menschen ist das Leiden."

Versuchen wir, die Frage zu beantworten, warum der Sinn, den das Leiden dem Menschen offeriert, der höchstmögliche ist. Nun, die Einstellungswerte erweisen sich insofern als ausgezeichnet gegenüber den schöpferischen und Erlebniswerten, als der Sinn des Leidens dem Sinn der Arbeit und dem Sinn der Liebe dimensional überlegen ist. Und warum dem so ist? Wollen wir davon ausgehen, daß sich der Homo sapiens aufgliedern läßt in den Homo faber, der schaffend seinen Daseinssinn erfüllt, in den Homo amans, der erlebend, begegnend und liebend sein Leben mit Sinn anreichert, und in den Homo patiens, den leidenden Menschen, den sein Leiden „leistenden" Menschen. Der Homo faber ist nun so recht, was man einen Erfolgsmenschen nennt; er kennt nur zwei Kategorien, und nur in ihnen denkt er: Erfolg und Mißerfolg. Zwischen diesen beiden Extremen bewegt sich sein Leben in der Linie einer Erfolgsethik. Anders der Homo patiens: Seine Kategorien heißen nicht mehr Erfolg und Mißerfolg, vielmehr Erfüllung und Verzweiflung.

Mit diesem Kategorienpaar jedoch stellt er sich senkrecht zur Linie aller Erfolgsethik; denn Erfüllung und Verzweiflung gehören einer anderen Dimension an. Aus dieser dimensionalen Verschiedenheit aber ergibt sich ihre dimensionale Überlegenheit; denn siehe, der Homo patiens kann sich noch im äußersten Mißerfolg, im Scheitern erfüllen. So hätte sich denn gezeigt, daß Erfüllung mit Mißerfolg kompatibel ist, nicht anders als Erfolg mit Verzweiflung. Doch ist dies nur von der dimensionalen Differenz der zwei Kategorienpaare her zu verstehen. Freilich: Würden wir den Triumph des Homo patiens, seine Sinn- und Selbsterfüllung im Leiden, in die Linie der Erfolgsethik hineinprojizieren, so müßte er sich auf Grund der dimensionalen Differenz punktuell abbilden, das heißt, wie ein Nichts aussehen, als eine Absurdität imponieren. Mit anderen Worten: in den Augen des Homo faber muß der Triumph des Homo patiens Torheit und Ärgernis sein.

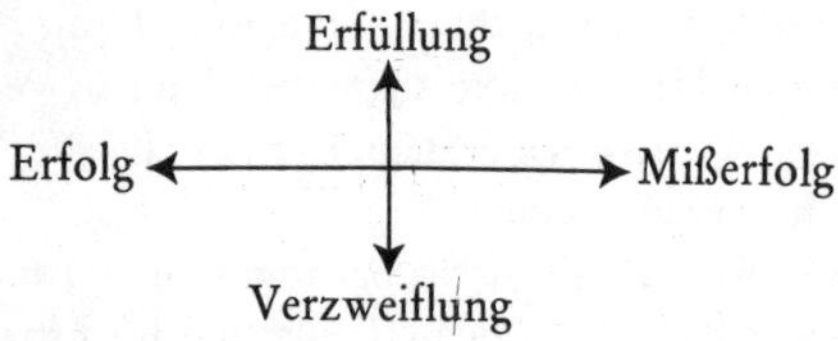

Bei alledem ist klar, daß der Möglichkeit, schöpferische Werte zu verwirklichen, also durch eine rechte Handlung das Schicksal in die Hand zu nehmen, der Vorrang gebührt gegenüber der Notwendigkeit, in der rechten Haltung das Schicksal auf sich zu nehmen, also Einstellungswerte zu verwirklichen. Kurz: Wenn auch die Sinnmöglichkeit, die das Leiden birgt, dem Wertrang nach überlegen ist der Sinnmöglichkeit des Schaffens, also wenn auch noch so sehr dem Leidenssinn der Primat zukommt – dem Schaffenssinn eignet die Priorität; denn nicht schicksalhaft notwendiges, sondern unnötiges Leiden auf sich zu nehmen wäre keine Leistung, vielmehr Mutwille. Unnötiges Leiden ist – um die Ausdrücke von Max Brod zu gebrauchen – „unedles“ und nicht „edles“ Unglück.

Wie spiegeln sich die Verhältnisse nun im ärztlich-praktischen Raum? Nun, das Gesagte würde bedeuten, daß beispielsweise ein operables Karzinom keine Krankheit ist, deren Leiden sinnvoll wäre; vielmehr würde es sich um mutwilliges Leiden handeln. Dem Betreffenden, dem Betroffenen gebräche es an Mut, nämlich zur Operation, während es dem blindwütig mit dem Schicksal eines inoperablen Karzinoms Hadernden an Demut gebräche. Und Schmerzen sind im allgemeinen ebensowenig schicksalhaft notwendiges, vielmehr sinnloses Leiden; denn innerhalb weitester Grenzen lassen sie sich auch stillen. Der Verzicht auf Narkose oder Lokalanästhesie oder aber, im Falle inoperabler Erkrankung, auf jedes schmerzstillende Medikament ist keineswegs jedermanns Sache; es war vielleicht Sigmund Freuds Sache: Tatsächlich hat er bis zuletzt auf jedes Analgetikum heroischen Verzicht geleistet – buchstäblich „geleistet" (wie weise ist die Sprache!). Im allgemeinen aber muß solcher Verzicht einem abverlangt werden. So daß keinerlei Verzicht„leistung" vorliegt, wenn ich mutwillig auf jede Schmerzstillung verzichte.

Immer wieder hat der Arzt die Chance, zu sehen, wie ein Patient die Wendung vollzieht von der im Vordergrund des alltäglichen Bewußtseins im durchschnittlichen Dasein stehenden Möglichkeit, durch das Schaffen seinem Leben Sinn zu geben, zu der Notwendigkeit, durch das Leiden, das Hinnehmen leidvollen Schicksals die Sinngebung des Daseins zu leisten. An Hand eines konkreten Falles soll nun gezeigt werden, wie nicht nur der Verzicht auf die Arbeit und auf die in ihr gründende Sinnmöglichkeit, sondern auch der Verzicht auf die Liebe den Menschen zwingen kann, die Gelegenheit zur Sinnerfüllung wahrzunehmen, die im Leiden eben dieser schicksalhaften Verarmung an Sinnmöglichkeiten liegt:

An mich wendet sich ein alter praktischer Arzt; vor einem Jahr ist ihm seine über alles geliebte Frau gestorben, und über diesen Verlust kann er nicht hinwegkommen. Ich frage den schwerst deprimierten Patienten, ob er sich überlegt habe, was geschehen wäre, wenn er selbst früher als seine Frau gestorben wäre. „Nicht auszudenken", antwortete er, „meine Frau wäre verzweifelt gewesen." Nun brauchte ich ihn nur darauf aufmerksam zu machen: „Sehen Sie, dies ist Ihrer Frau erspart geblieben, und Sie haben es ihr erspart, freilich um den Preis, daß nunmehr Sie ihr nachtrauern müssen." Im gleichen Augenblick hatte sein Leiden einen Sinn bekommen: den Sinn eines Opfers. Am Schicksal konnte nicht das geringste geändert werden; aber die Einstellung hatte sich gewandelt! Das Schicksal hatte ihm abverlangt, sich von der Möglichkeit, durch Lieben Sinn zu erfüllen, zurückzuziehen; aber die Möglichkeit war ihm geblieben, sich auch diesem Schicksal zu stellen, sich richtig einzustellen.

Oder ich könnte aus Briefen zitieren, die mir Häftlinge aus dem Zuchthaus von Florida geschrieben haben: „Ich habe den Sinn meines Lebens gefunden, jetzt, während ich in Haft bin, und ich brauche nur noch eine Weile zu warten, bis ich eine Gelegenheit habe, alles wiedergutzumachen – und von nun an alles besser zu machen." Die Nummer 049246 schreibt mir: „Hier in Haft gibt es immer mehr Möglichkeiten, einer Sache zu dienen und über sich selbst hinauszuwachsen. Ich muß sagen, irgendwie bin ich heute glücklicher denn je." Und die Nummer 552-022 schreibt mir: „Lieber Herr Doktor! Während der letzten paar Monate hat eine Gruppe von Häftlingen miteinander Ihre Bücher gelesen und Ihr Tonband gehört. Wie wahr: daß sich auch noch im Leiden ein Sinn finden läßt ... Irgendwie hat mein Leben erst begonnen – welch ein herrliches Gefühl! Es ist rührend, wie meine Brüder in unserer Gruppe mit Tränen in den Augen erleben, daß ihr Leben hier und jetzt einen Sinn gewinnt, den sie nie zuvor für möglich gehalten hätten. Was da geschieht, grenzt an ein Wunder. Menschen, die hilflos und hoffnungslos gewesen waren, sehen auf einmal einen neuen Sinn in ihrem Leben. Hier, im Gefängnis mit den härtesten Sicherheitsvorkehrungen von ganz Florida – hier, nur ein paar hundert Meter vom elektrischen Stuhl entfernt –, ausgerechnet hier werden unsere Träume wahr. Es ist vor Weihnachten; aber für uns bedeutet die Logotherapie Ostern. Über der Schädelstätte von Auschwitz geht an diesem Ostermorgen die Sonne auf. Welch ein neuer Tag mag da auf uns zukommen!"

Ärztliche Seelsorge

Worum es sich in solchen Fällen handelt, wäre als Seelsorge zu bezeichnen, und zwar eine Seelsorge, mit der der Arzt täglich und sprechstündlich konfrontiert wird, die also eine legitime Aufgabe innerhalb des ärztlichen Bereichs darstellt. „Ärztliche Seelsorge“ ist Sache des Internisten, der es mit Unheilbaren, des Geriaters, der es mit Siechen zu tun hat, des Dermatologen, der es mit Entstellten, des Orthopäden, der es mit verkrüppelten Menschen zu tun bekommt, gar erst des Chirurgen, der einen Menschen oft operativ zu verstümmeln gezwungen ist, sie alle haben es mit Patienten zu tun, die sich einem unabänderlichen, vielleicht unabwendbar gewesenen Schicksal gegenübergestellt finden. Und in solcher Situation, wo sie nicht mehr heilen, ja nicht einmal mehr lindern können, bleibt ihnen nichts anderes übrig, als zu trösten. Daß auch dies noch ihres Amtes ist, dafür mag ein rührendes Zeugnis sein die Inschrift, die über dem Haupttor des Allgemeinen Krankenhauses von Wien prangt und mit der Kaiser Joseph II. dieses Krankenhaus der Öffentlichkeit gewidmet hat: saluti et solatio aegrorum – nicht nur der Heilung, sondern auch der Tröstung von Kranken. Aber auch in den Bestimmungen der American Medical Association findet sich ein entsprechender Hinweis: „Der Arzt muß auch die Seele trösten. Das ist keinesfalls allein Aufgabe des Psychiaters. Es ist ganz einfach die Aufgabe jedes praktizierenden Arztes.“ Selbstverständlich: Irgendwie kann man auch Arzt sein, ohne sich um dergleichen zu scheren; aber dann gilt, was in analogen Zusammenhängen Paul Dubois gemeint hat: daß man sich dann nämlich vom Tierarzt nur mehr noch durch eines unterscheidet – durch die Klientel.

Es ist eine Zwangslage, die dem Arzt abverlangt, ärztliche Seelsorge zu leisten. „Die Patienten sind es, die uns vor die Aufgabe stellen, selbst die Aufgabe der Seelsorge zu übernehmen" (Gustav Bally). Es handelt sich hierbei um eine Rolle, in die der Arzt gedrängt ist (Karl Jaspers, Alphons Maeder, W. Schulte, G. R. Heyer, H. J. Weitbrecht u. a.). „Die Psychotherapie ... ist unvermeidlich, auch wo sie es nicht weiß noch wissen will, immer auch irgendwie Seelsorge ... Oft muß sie ausdrücklich seelsorgliche ... Eingriffe vornehmen" (A. Görres, Jahrbuch für Psychologie und Psychotherapie 6, 200, 1958). Ärztliche Seelsorge ist selbstverständlich kein Ersatz der eigentlichen, und die ist und bleibt die priesterliche Seelsorge; aber die von Victor E. v. Gebsattel so benannte „Abwanderung der abendländischen Menschheit vom Seelsorger zum Nervenarzt" ist ein Tatbestand, dem sich der Seelsorger nicht verschließen, und eine Anforderung, der sich der Nervenarzt nicht versagen darf.

In einer Zeit wie der unseren – einer Zeit weitest verbreiteter existentieller Frustration –, in dieser Zeit des Verzweifelns so vieler, weil sie am Sinn ihres Lebens zweifeln, und das wieder, weil sie leidensunfähig sind und im gleichen Maße den Wert von so etwas wie Arbeitsfähigkeit oder Genußfähigkeit überschätzen und vergötzen, in dieser Zeit, sage ich, mag alledem eine besondere Aktualität zukommen. In früheren Zeiten hat es so etwas wie die existentielle Frustration selbstverständlich ebenfalls gegeben; aber die Menschen, die unter ihr litten, sind nicht zum Arzt gekommen, sondern zum Priester gegangen.

Nur dürfen wir nicht vergessen: Sowenig die existentielle Frustration an sich auch schon ein pathologisches Faktum darstellt, so sehr ist es möglich, daß sie pathogen wird, daß sie im besonderen zu einer Neurose führt; aber dies ist nur möglich, das heißt, die existentielle Frustration ist nicht obligaterweise, sondern nur fakultativ pathogen: sie kann zu einer Neurose führen, aber sie muß es nicht, und umgekehrt kann eine Neurose auf eine existentielle Frustration, auf Zweifel und Verzweiflung an einem konkreten und persönlichen Daseinssinn zurückzuführen sein, aber sie muß es nicht.

Wird nun die fakultativ pathogene existentielle Frustration das eine oder andere Mal faktisch pathogen, das heißt, führt sie im konkreten Falle wirklich und tatsächlich zu einer neurotischen Erkrankung, dann nenne ich eine solche Neurose noogene Neurose. Nun wird klar: Nicht jede existentielle Frustration wird pathogen, und nicht jede neurotische Erkrankung ist noogen.

An diesem Punkte unserer Überlegungen angelangt, sehen wir – neben der besprochenen Gefahr des Pathologismus – eine weitere Gefahr: die Gefahr eines Noologismus. Es hieße, in den Fehler des Pathologismus verfallen, wollte man behaupten, jede Verzweiflung führe zur Neurose. Und umgekehrt hieße es, in den Fehler des Noologismus verfallen, wollte man behaupten, jede Neurose sei auf eine Verzweiflung zurückzuführen. Wir dürfen das Geistige nicht übersehen; aber wir dürfen das Geistige auch nicht überschätzen. Im Geistigen die einzige Ursache neurotischer Erkrankung sehen heißt einem Noologismus huldigen; aber die Neurosen sind nicht nur im Geistigen, sondern auch in psychophysischen Schichten verwurzelt. Ja, ich stehe nicht an zu behaupten, daß die Neurose im engeren Wortsinn zu definieren sei als eine (eben nicht noogene, vielmehr) psychogene Erkrankung.

Geschweige denn, daß überhaupt jede Krankheit, also nicht nur eine psychogene, sondern auch jede somatogene Erkrankung noogen sei – wie nämlich seitens jenes Noologismus behauptet wird, der sich Psychosomatik nennt, in Wirklichkeit jedoch eine Noosomatik darstellt. Die Psychosomatische Medizin lehrt: krank werde nur, wer sich kränke – doch läßt sich zeigen, daß unter Umständen auch krank wird, wer sich freut. Tatsächlich hat das leibliche Krankheitsgeschehen durchaus nicht durchgängig jenen Stellenwert in der Lebensgeschichte und jenen personalen Ausdruckswert, den ihm die Psychosomatische Medizin so großzügig zuspricht. Gewiß hat so manches im menschlichen Dasein seinen biographischen Stellenwert und, soweit es einen solchen Stellenwert hat, auch einen Ausdruckswert. Denn die Biographie ist letzten Endes nichts anderes als die temporale Explikation der Person: Im Leben, das da abläuft, im Dasein, das da abrollt, expliziert sich die Person, entfaltet sie sich, wird sie aufgerollt wie ein Teppich, der erst dann sein unverwechselbares Muster enthüllt.

Aber das organismische Krankheitsgeschehen ist kein getreues Spiegelbild der Person. So macht denn die psychosomatische Medizin die Rechnung ohne den Wirt – ohne den psychophysischen Organismus. Solange wir uns dessen bewußt bleiben, daß der Mensch nicht alles, was er qua geistige Person will, bei sich selbst qua psychophysischem Organismus auch durchzusetzen vermag, werden wir – angesichts solcher Impotentia oboedientialis – uns davor hüten, alles Kranksein am Leibe einem Versagen im Geiste anzulasten. Wobei wir ohnehin von den Extremen der Noosomatik absehen, wie der Behauptung, die Erkrankung an einem Karzinom stelle nicht nur einen unbewußten Selbstmord dar, sondern geradezu eine unbewußt an sich selbst exekutierte Todesstrafe aus irgendeinem Schuldkomplex heraus.

Mag der Mensch auch noch so sehr ein im wesentlichen geistiges Wesen sein – er bleibt ein endliches Wesen; diese Begrenztheit entspricht der Bedingtheit des Menschen, der nur fakultativ ein unbedingter ist, während er faktisch nur ein bedingter bleibt. Daraus ergibt sich auch schon, daß die geistige Person sich nicht unbedingt durchzusetzen vermag – durch die psychophysischen Schichten hindurch. Weder ist die geistige Person durch die psychophysischen Schichten hindurch immer sichtbar noch immer wirksam. Zwar ist der psychophysische Organismus das Insgesamt von Organen, von Werkzeugen, also von Mitteln zum Zweck; aber dieses Medium ist – in bezug auf seine expressive Funktion – durchaus trübe und – in bezug auf seine instrumentale Funktion – durchaus träge.

Gewiß hat jede Krankheit ihren „Sinn"; aber der wirkliche Sinn einer Krankheit liegt nicht dort, wo die psychosomatische Forschung ihn sucht – nicht im Daß des Krankseins, vielmehr im Wie des Leidens, und so muß denn dieser Sinn jeweils erst der Krankheit gegeben werden, und es geschieht dies, wann immer der leidende Mensch, der Homo patiens, im rechten, aufrechten Leiden echten Schicksals den möglichen Sinn schicksalhaft notwendigen Leidens erfüllt. Nicht aber kann der Arzt, durch psychosomatische Deutungen, diesen Sinn geben.

Darüber hinaus hat, selbstverständlich, auch das Daß des Krankseins seinen Sinn. Er jedoch ist ein Übersinn, das heißt, er geht über alles menschliche Sinnverständnis hinaus. Erst recht liegt er jenseits der Grenzen legitimer psychotherapeutischer Thematik. Die Überschreitung dieser Grenzen, der durchgedrückte Versuch, sich in eine Pathodizee oder gar in eine Theodizee einzulassen, läßt den Arzt scheitern. Zumindest bringt er ihn in Verlegenheit wie jenen Mann, der seinem Kinde auf dessen Frage, inwiefern Gott die Liebe sei, die kasuistisch exemplifizierende Antwort gab: „Er hat dich doch von den Masern befreit" – um die Antwort schuldig zu bleiben auf den Einwand seines Kindes: „Ja; aber erst hat er mir die Masern geschickt!"

So muß denn der Arzt, auch er, nicht nur um den Willen zum Sinn, sondern auch um den Sinn des Leidens wissen, und in einer Zeit des Sinnzweifels tut es mehr denn je not, daß er sich bewußt bleibt – und dem Patienten bewußt macht: daß das Leben auch des leidenden Menschen nicht aufhört, sinnvoll zu sein. Statt theoretischer Ausführungen möchte ich lieber auf praktische Erfahrungen zurückgreifen, insbesondere auf ein konkretes Erlebnis: Eines Tages stolpere ich in eine von meinem Assistenten Dr. K. Kocourek veranstaltete gruppentherapeutische Sitzung hinein. Soeben bespricht die Gruppe den Fall einer Frau, der vor kurzem ihr 11jähriger Junge an einem Blinddarm-Durchbruch zugrunde gegangen war, während ein 20jähriger Sohn zurückblieb, der an Morbus Little leidet und im Rollstuhl fortbewegt werden muß. Die Mutter hatte versucht, sich das Leben zu nehmen, und war daraufhin zu mir in die Klinik gebracht worden. Da schalte ich mich in die Diskussion des Falles ein und greife eine junge Frau heraus, die ich improvisierend auffordere, sich vorzustellen, sie sei an die 80 Jahre alt, ihr Tod stehe bevor, und sie blicke auf ihr Leben zurück, und zwar ein Leben voll von gesellschaftlichem Prestige und erotischem Erfolg, aber auch nicht mehr als alledem: Was würde sie zu sich selbst sagen? „Ich hatte es gut im Leben, war reich, wurde verwöhnt, hielt die Männer zum Narren, indem ich mit ihnen flirtete, und ließ mir nichts abgehen. Nunmehr bin ich alt, ich lasse keine Kinder zurück und muß sagen, daß mein Leben strenggenommen ein Fehlschlag war; denn ins Grab kann ich mir nichts mitnehmen. Wozu war ich auf der Welt?" Nun lade ich die Mutter des Behinderten ein, sich in dieselbe Lage zu versetzen und zu sagen, was sie sich dächte: „Ich hatte mir Kinder gewünscht, und dieser mein Wunsch ging in Erfüllung. Das jüngere starb, und mit dem älteren blieb ich zurück. Wenn nicht ich gewesen wäre, hätte aus ihm nichts Rechtes werden können. Es wäre in irgendeiner Anstalt für Idioten gelandet; aber so war ich es, die aus ihm einen Menschen machte. *Mein* Leben war *kein* Fehlschlag. Mag es auch noch so schwer gewesen sein, es war voll von Aufgaben, und wenn es mir gelungen sein sollte, sie zu bewältigen, war es sinnvoll. Nunmehr kann ich ruhig sterben." Nur schluchzend brachte sie diese Worte hervor. Die Mitpatienten jedoch hatten ihnen entnommen, daß es wohl weniger darauf ankommt, ob das Leben eines Menschen lust- oder leidvoll als vielmehr darauf, ob es sinnvoll ist.

Logotherapie und Religion

Ein Vortrag, gehalten auf der im Herbst 1964
von der Stuttgarter Gemeinschaft „Arzt und Seelsorger“
veranstalteten Elmauer Tagung

Für die Logotherapie kann Religion nur ein Gegenstand sein – nicht aber ein Standort. Religion ist ein Phänomen am Menschen, am Patienten, ein Phänomen unter anderen Phänomenen, denen die Logotherapie begegnet; im Prinzip aber sind für die Logotherapie die religiöse und die irreligiöse Existenz ko-existente Phänomene, mit anderen Worten, die Logotherapie ist ihnen gegenüber zu einer neutralen Einstellung verpflichtet. Die Logotherapie ist ja eine Richtung der Psychotherapie, und diese darf – zumindest nach dem österreichischen Ärztegesetz – nun einmal nur von Ärzten ausgeübt werden. Wenn also schon aus keinem anderen Grunde, so würde der Logotherapeut, weil er als Arzt den hippokratischen Eid geleistet hat, dafür Sorge tragen müssen, daß seine logotherapeutische Methodik und Technik anwendbar ist auf jeden Kranken, mag er nun gläubig oder ungläubig sein, und anwendbar bleibt durch jeden Arzt, ungeachtet dessen persönlicher Weltanschauung.

Nach dieser unserer Bestimmung des Standortes der Logotherapie innerhalb der Medizin wenden wir uns nunmehr ihrer Abgrenzung gegenüber der Theologie zu, die sich unseres Erachtens folgendermaßen umreißen läßt: Das Ziel der Psychotherapie ist seelische Heilung – das Ziel der Religion jedoch ist das Seelenheil. Selbstverständlich ist es nicht so, als ob die Ziele der Psychotherapie und der Religion auf derselben Seinsebene stünden. Die Dimension, in die der religiöse Mensch vorstößt, ist eine höhere, will heißen umfassendere, als die Dimension, in der sich so etwas wie Psychotherapie abspielt. Der Durchbruch in die höhere Dimension geschieht aber nicht in einem Wissen, sondern im Glauben.

Wollen wir das Verhältnis der humanen zur divinen, das heißt ultra-humanen Dimension bestimmen, so bietet sich uns als ein Gleichnis der Goldene Schnitt an. Ihm zufolge verhält sich bekanntlich der kleinere Teil zum größeren so wie der größere zum Ganzen. Bekanntlich eignet dem Tier bloße Umwelt, während der Mensch „Welt hat“ (Max Scheler); aber die menschliche Welt verhält sich zu einer Überwelt nicht anders als die tierische Umwelt zur menschlichen Welt. Und das heißt soviel wie: ebensowenig wie das Tier imstande wäre, aus seiner Umwelt heraus den Menschen und dessen Welt zu verstehen, ebensowenig ist es möglich, daß der Mensch Einblick hat in die Überwelt.

Nehmen wir das Beispiel eines Affen, dem schmerzhafte Injektionen gegeben werden, um ein Serum zu gewinnen. Vermag der Affe jemals zu begreifen, warum er leiden muß? Aus seiner Umwelt heraus ist er außerstande, den Überlegungen des Menschen zu folgen, der ihn in seine Experimente einspannt; denn die menschliche Welt ist ihm nicht zugänglich. An sie reicht er nicht heran, in ihre Dimension langt er nicht hinein; aber müssen wir nicht annehmen, daß die menschliche Welt selber und ihrerseits überhöht wird von einer nun wieder dem Menschen nicht zugänglichen Welt, deren Sinn, deren Übersinn allein seinem Leiden erst den Sinn zu geben imstande wäre?

Der im Glauben vollzogene Schritt in die ultra-humane Dimension ist nun fundiert durch die Liebe. An und für sich ist dies ein bekannter Sachverhalt. Weniger bekannt aber dürfte sein, daß es für ihn eine infra-humane Präformation gibt. Wer hätte nicht schon mit angesehen, wie ein Hund, dem – in seinem Interesse, sagen wir durch einen Tierarzt – ein Schmerz zugefügt werden muß, voll Vertrauen aufblickt zu seinem Herrn. Ohne „wissen“ zu können, welchen Sinn der Schmerz haben soll, „glaubt“ das Tier insofern, als es seinem Herrn vertraut, und zwar eben weil es ihn liebt – sit venia anthropomorphismo.

Was nun den „Schritt in die ultra-humane Dimension“ anlangt, so läßt er sich nicht forcieren, und zwar am allerwenigsten durch die Psychotherapie. Wir sind schon froh, wenn das Tor zum Ultra-Humanen nicht blockiert wird durch den Reduktionismus, wie er einer mißverstandenen und vulgär interpretierten Psychoanalyse auf dem Fuß folgt und mit ihr an den Patienten herangetragen wird. Wir sind schon froh, wenn Gott nicht mehr als „nichts weiter denn" eine Vater-Imago und die Religion nicht mehr als „nichts anderes denn" eine Menschheitsneurose hingestellt und solcherart in den Augen des Patienten herabgesetzt wird.

Mag nun die Religion für die Logotherapie auch noch so sehr „nur" ein Gegenstand sein, wie eingangs gesagt wurde, so liegt sie ihr doch zumindest sehr am Herzen, und zwar aus einem einfachen Grund: im Zusammenhang mit Logotherapie meint Logos Geist und, darüber hinaus, Sinn. Unter Geist ist zu verstehen die Dimension der spezifisch humanen Phänomene, und im Gegensatz zum Reduktionismus versagt sich die Logotherapie eben, sie auf irgendwelche sub-humanen Phänomene zu reduzieren bzw. von ihnen zu deduzieren.

In die spezifisch humane Dimension hinein zu lokalisieren hätten wir nun unter anderen Phänomenen das der Selbsttranszendenz der Existenz auf den Logos hin. Tatsächlich geht menschliches Dasein immer schon über sich hinaus, weist es immer schon auf einen Sinn hin. In diesem Sinne ist es dem Menschen in seinem Dasein nicht um Lust oder um Macht, aber auch nicht um Selbstverwirklichung, vielmehr um Sinnerfüllung zu tun. In der Logotherapie sprechen wir da von einem Willen zum Sinn.

Insofern, als wir Menschsein definieren können als Verantwortlichsein, ist der Mensch für die Erfüllung eines Sinnes verantwortlich. Im Gegensatz zur Frage nach dem Wofür muß aber in der Psychotherapie die Frage nach dem Wovor unseres Verantwortlichseins offenbleiben. Die Entscheidung muß dem Patienten überlassen werden, wie er sein Verantwortlichsein interpretiert, als Verantwortlichsein vor der Gesellschaft, vor der Menschheit, vor dem Gewissen oder überhaupt nicht vor etwas, sondern vor jemandem, vor der Gottheit.

Es mag nun eingewendet werden, daß die Frage nach dem Wovor des Verantwortlichseins des Patienten ja gar nicht offengelassen werden muß. Vielmehr sei in Form der Offenbarung die Antwort ja längst schon gegeben worden; der Beweis hinkt aber. Er läuft nämlich auf eine Petitio principii hinaus, denn daß ich die Offenbarung als solche überhaupt anerkenne, setzt eine Glaubensentscheidung immer schon voraus. Es verfängt also nicht im geringsten, wenn man, einem Ungläubigen gegenüber, darauf verweist, daß es eine Offenbarung gibt; wäre sie für ihn eine solche, so wäre er ja auch schon gläubig.

Die Psychotherapie muß sich also diesseits des Offenbarungsglaubens bewegen und die Sinnfrage diesseits einer Trennung in die theistische Weltanschauung einerseits und in die atheistische andererseits beantworten. Wenn sie solcherart das Phänomen der Gläubigkeit nicht als ein Glauben an Gott, sondern als den umfassenderen Sinnglauben auffaßt, dann ist es durchaus legitim, wenn sie sich mit dem Phänomen des Glaubens befaßt und beschäftigt. Sie hält es dann eben mit Albert Einstein, der einmal gesagt hat, ein Mensch, der eine Antwort auf die Frage nach dem Sinn des Lebens gefunden habe, sei ein religiöser Mensch.

Der Sinnglaube des Menschen ist, im Sinne von Kant, eine transzendentale Kategorie. Genauso, wie wir seit Kant wissen, daß es irgendwie sinnlos ist, über Kategorien wie Raum und Zeit hinaus zu fragen, einfach darum, weil wir nicht denken und so denn auch nicht fragen können, ohne Raum und Zeit immer schon vorauszusetzen – genauso ist das menschliche Sein immer schon ein Sein auf den Sinn hin, mag es ihn auch noch so wenig kennen: Es ist da so etwas wie ein Vorwissen um den Sinn; und eine Ahnung vom Sinn liegt auch dem in der Logotherapie so genannten „Willen zum Sinn“ zugrunde. Ob er es will oder nicht, ob er es wahrhat oder nicht – der Mensch glaubt an einen Sinn, solange er atmet. Noch der Selbstmörder glaubt an einen Sinn, wenn auch nicht des Lebens, des Weiterlebens, so doch des Sterbens. Glaubte er wirklich an keinen Sinn mehr – er könnte eigentlich keinen Finger rühren und schon darum nicht zum Selbstmord schreiten.

Ich sah überzeugte Atheisten sterben, die es zeitlebens glattwegs perhorresziert hätten, an „ein höheres Wesen“ oder dergleichen, an einen in einem dimensionalen Sinne höheren Sinn des

Lebens zu glauben; aber auf ihren Sterbebetten haben sie, was sie in Jahrzehnten niemandem vorzuleben imstande gewesen waren, „in der Stunde ihres Absterbens“ dessen Zeugen vorgestorben: eine Geborgenheit, die nicht nur ihrer Weltanschauung Hohn spricht, sondern auch nicht mehr intellektualisiert und rationalisiert werden kann. „De profundis“ bricht etwas auf, ringt sich etwas durch, tritt zutage ein restloses Vertrauen, das nicht weiß um den, dem es entgegengebracht wird, noch um das, worauf vertraut wird, und doch dem Wissen um die infauste Prognose trotzt. In die gleiche Kerbe schlägt Walter v. Baeyer, wenn er schreibt: „Wir halten uns an Beobachtungen und Gedanken, die Plügge ausgesprochen hat. Objektiv betrachtet ist keine Hoffnung mehr da. Der Kranke, der bei klaren Sinnen ist, müßte selbst längst bemerkt haben, daß er aufgegeben ist. Aber immer noch hofft er, hofft bis zum Ende. Worauf? Die Hoffnung solcher Kranken, die vordergründig eine illusionäre, auf Heilung in dieser Welt gerichtet sein kann und nur im verborgenen Grunde ihren transzendenten Sinngehalt ahnen läßt, muß im Menschsein verankert liegen, das nie ohne Hoffnung sein kann, vorausweisen auf eine künftige Vollendung, die zu glauben dem Menschen auch ohne Dogma angemessen und natürlich ist.“

Der Leser ist auf ein Zitat von Albert Einstein gestoßen, der einmal gesagt hat, ein Mensch, der eine Antwort auf die Frage nach dem Sinn des Lebens gefunden habe, sei ein religiöser Mensch. Ich möchte nun ergänzen, daß ein analoges Statement auch von Paul Tillich stammt, der uns die folgende Definition anbietet: „Religiös sein heißt, leidenschaftlich die Frage nach dem Sinn unserer Existenz zu stellen.“ Ludwig Wittgenstein bietet uns die folgende Definition an: „An Gott glauben heißt sehen, daß das Leben einen Sinn hat“ (Tagebücher 1914–1916). Jedenfalls ließe sich sagen, daß die Logotherapie – immerhin primär eine Psychotherapie und als solche der Psychiatrie, der Medizin zugehörig – dazu legitimiert ist, sich nicht nur mit dem „Willen zum Sinn“ zu befassen, wie er in der Logotherapie genannt wird, sondern auch mit dem Willen zu einem *letzten* Sinn, einem Über-Sinn, wie ich ihn zu nennen pflege, und der religiöse

Glaube ist letzten Endes ein Glauben an den Übersinn – ein Vertrauen auf den Übersinn.

Gewiß: diese unsere Auffassung von Religion hat nur noch herzlich wenig zu tun mit konfessioneller Engstirnigkeit und deren Folge, religiöser Kurzsichtigkeit, die in Gott anscheinend ein Wesen sieht, das im Grunde nur auf eines aus ist, und das ist: daß eine möglichst große Zahl von Leuten an ihn glaubt, und überdies noch genau so, wie eine ganz bestimmte Konfession es vorschreibt. Ich kann mir einfach nicht vorstellen, daß Gott so kleinlich ist. Ich kann mir aber auch nicht vorstellen, daß es sinnvoll ist, wenn eine Kirche von mir *verlangt*, daß ich glaube. Ich kann doch nicht glauben *wollen* – ebensowenig wie ich lieben wollen, also zur Liebe mich zwingen kann, und ebensowenig, wie ich mich zur Hoffnung zwingen kann, nämlich gegen besseres Wissen. Es gibt nun einmal Dinge, die sich nicht wollen lassen – und die sich daher auch nicht auf Verlangen, auf Befehl herstellen lassen. Um ein einfaches Beispiel beizubringen: ich kann nicht auf Befehl lachen. Wenn jemand will, daß ich lache, dann muß er sich schon bemühen und mir einen Witz erzählen.

Und analog verhält es sich auch mit der Liebe und dem Glauben; sie lassen sich nicht manipulieren. Als intentionale Phänomene, die sie sind, stellen sie sich vielmehr erst dann ein, wenn ein adäquater Inhalt und Gegenstand aufleuchtet.

Eines Tages wurde ich von einer Reporterin des amerikanischen Time-Magazins interviewt, und die Frage war, ob der Trend von der Religion wegführt. Ich sagte, der Trend führe nicht von der Religion weg, sehr wohl aber von jenen Konfessionen, die anscheinend nichts anderes zu tun haben, als gegeneinander zu kämpfen und sich gegenseitig die Gläubigen abspenstig zu machen. Nun fragte mich die Reporterin, ob dies heißt, daß es früher oder später zu einer *universalen* Religion kommen wird, was ich aber verneinte: im Gegenteil, sagte ich, wir gehen nicht auf eine universale, vielmehr auf eine personale – eine zutiefst personalisierte Religiosität zu, eine Religiosität, aus der heraus jeder zu seiner persönlichen, seiner eigenen, seiner ureigensten Sprache finden wird, wenn er sich an Gott wendet.

Dies bedeutet selbstverständlich noch lange nicht, daß es keine gemeinsamen Rituale und Symbole geben wird. Gibt es doch auch eine Vielzahl von Sprachen – und doch: gibt es nicht für viele unter ihnen ein gemeinsames Alphabet?

So oder so, in ihrer Verschiedenheit gleichen die verschiedenen Religionen den verschiedenen Sprachen: niemand kann sagen, daß seine Sprache den anderen überlegen ist – in jeder Sprache kann der Mensch an die Wahrheit herankommen – an die eine Wahrheit –, und in jeder Sprache kann er irren, ja lügen. Und so kann er denn auch durch das Medium jeder Religion hindurch zu Gott finden – zu dem einen Gott.

Es fragt sich nur, ob sich überhaupt von Gott und nicht vielmehr nur zu ihm sprechen läßt. Den Satz von Ludwig Wittgenstein: „whereof one cannot speak, thereof one must be silent" – wovon man nicht sprechen kann, davon muß man schweigen – können wir ja nicht nur aus dem Englischen ins Deutsche, sondern auch aus dem Agnostischen ins Theistische übersetzen – von dem man nicht sprechen kann, zu dem muß man beten.

Heute wenden sich Patienten an den Psychiater, weil sie am Sinn ihres Lebens zweifeln oder gar daran verzweifeln, einen Lebenssinn überhaupt zu finden. Eigentlich brauchte sich aber heute niemand über Mangel an Lebenssinn zu beklagen; denn er braucht nur seinen Horizont zu erweitern, um zu bemerken, daß zwar wir uns des Wohlstands erfreuen, andere aber im Notstand leben; wir erfreuen uns der Freiheit; wo aber bleibt die Verantwortlichkeit für die anderen? Vor Jahrtausenden hat sich die Menschheit zum Glauben an den einen Gott durchgerungen: zum Monotheismus – wo aber bleibt das Wissen um die eine Menschheit, ein Wissen, das ich Monanthropismus nennen möchte? Das Wissen um die Einheit der Menschheit, eine Einheit, die hinausgeht über alle Mannigfaltigkeiten, sei es solche der Hautfarbe oder der Parteifarbe.

Zur Kritik des dynamischen Psychologismus

W. Van Dusen stellt fest: „Allen Therapien liegt eine Weltanschauung zugrunde; aber nur wenige legen, was die Weltanschauung anlangt, die Karten so auf den Tisch, wie es die Existenzanalyse tut." Tatsächlich nennt jede Psychotherapie eine Anthropologie ihr eigen – auch die Psychoanalyse: Kein Geringerer als der Psychoanalytiker Paul Schilder hat einbekannt, daß sie „Weltanschauung" ist. Ich möchte sagen: Jede Psychotherapie basiert auf anthropologischen Prämissen – oder, wenn sie nicht bewußt sind, auf anthropologischen Implikationen. Dann ist es nur um so schlimmer: Sigmund Freud verdanken wir die Kenntnis der Gefahr, die seelischen Inhalten, aber auch, wie wir sagen dürfen, geistigen Haltungen anhaftet, solange sie unbewußt bleiben. Ich stehe nicht an, die Behauptung zu wagen, daß der Psychoanalytiker, sobald er einen Patienten auch nur anweist, sich auf der Couch hinzulegen und frei zu assoziieren, auch schon ein ganz bestimmtes Menschenbild an ihn heranträgt, und zwar ein Menschenbild, das die Personalität des Patienten ausklammert, das den Psychoanalytiker einer personalen Begegnung von Mensch zu Mensch, von Angesicht zu Angesicht, Aug in Aug ausweichen läßt. Wenn ein Psychoanalytiker vorgibt, sich aller Wertungen zu enthalten, dann bedeutet auch diese Enthaltung selber und ihrerseits ein Werturteil. Wie sieht es in praxi aus? Nehmen wir doch bloß die freien Assoziationen her, auf deren Produktion bekanntlich die psychoanalytische Behandlungsmethode basiert! „Schon die in der Anweisung zur freien Assoziation mitgegebene Behauptung, es sei erlaubt, sich dem Spiel der freien Einfälle zu überlassen, ist eine keineswegs selbstverständliche Entscheidung über Dürfen und Sollen des Menschen und damit eine Teilantwort auf die Frage, was der Mensch und was sein Richtbild und Ziel sei." (A. Görres, Methode und Erfahrungen der Psychoanalyse, München 1958.)

Nun, ein Gewährsmann wie der bekannte Psychoanalytiker Emil A. Gutheil (New York), der Herausgeber des „American Journal of Psychotherapy", erhebt seine warnende Stimme: „Heutzutage kann man nur wenigen Patienten trauen, daß ihre Assoziationen wirklich spontan erfolgen. Die meisten Assoziationen, die der Patient in einer längeren Behandlung produziert, sind alles eher als ‚frei'; vielfach sind sie darauf berechnet, dem Analytiker bestimmte Ideen zu übermitteln, von denen der Patient annimmt, daß sie dem Analytiker willkommen sein werden. In solchen Fällen bringen die Patienten oft vorgedachtes assoziatives Material, das dazu bestimmt ist, dem Analytiker einen Gefallen zu tun. Die Patienten von Adlerianern haben anscheinend nur Machtprobleme, und ihre Konflikte scheinen ausschließlich durch ihren Ehrgeiz, ihr Streben nach Überlegenheit und dergleichen bedingt zu sein. Die Patienten von Anhängern Jungs überfluten ihre Ärzte mit Archetypen und allerhand anagogischen Symbolismen. Die Freudianer hören den Kastrationskomplex, das Trauma der Geburt und ähnliches von ihren Patienten bestätigt."

Wäre es nicht denkbar, daß die Lehranalyse unbewußte Wertungen verhüten hilft? Nun, die Lehranalyse erscheint mir eher angetan, unbewußte Wertungen entstehen zu lassen. Niemand braucht hierbei so weit zu gehen wie William Sargant, der in seinem Buch „Battle for the Mind" darauf hinweist, daß die Psychoanalyse oft erst dann als abgeschlossen gilt, wenn der Patient die Anschauungen des Psychotherapeuten gänzlich in sich aufgenommen hat und jeder Widerstand bezüglich der psychoanalytischen Deutung vergangener Ereignisse zusammengebrochen ist. Das heißt gewiß zu weit gehen; aber ebenso gewiß wird der New Yorker Analytiker J. Marmor (The American Journal of Psychiatry 110, 370, 1953) wissen, warum er davor warnt, daß der Analytiker jede Kritik an seiner Person oder aber an der Psychoanalyse als Ausdruck eines Widerstands des Patienten auslegt. Ich möchte insofern weiter gehen, als ich zu bedenken gebe, daß auch umgekehrt das Gegenteil von Widerstand, nämlich keine negative, sondern eine positive Übertragung, also – wenn ich so sagen darf – die Widerstandslosigkeit des Patienten dessen Kritiklosigkeit gegenüber der Psychoanalyse mit sich bringt. Wie sehr mag all dies aber erst von der Lehranalyse gelten. Der Londoner Psychologe H. J. Eysenck erklärt strikt, daß jemand, der eine Lehranalyse über sich ergehen ließ, „die psychoanalytischen Auffassungen nicht mehr objektiv und unvoreingenommen beurteilen kann". „Behauptet der Psychoanalytiker, der nichtanalysierte ‚Schulpsychiater' könne beim besten Willen nicht ‚richtig' psychologisch interpretieren, so ist hier der Punkt erreicht, an dem ein wissenschaftliches Gespräch endet und eine Glaubensentscheidung an seine Stelle tritt" – erklärt H. J. Weitbrecht. Aber nicht nur die nicht-analysierten Teilnehmer an der wissenschaftlichen Diskussion werden eingeschüchtert, indem sie auf ihr Nicht-analysiert-Sein und unter diesem Titel auf ihr Nichtmitreden-Können verwiesen werden, sondern auch die öffentliche Meinung wird analog manipuliert, indem dem Publikum Schuldgefühle eingeimpft werden. Es wird so getan, als ob, wer gegen die Psychoanalyse ist, von vornherein verdächtig wäre, neurotisch zu sein oder repressiv, reaktionär, ein Antisemit oder gar ein Nationalsozialist.

Zum Wesen des Psychologismus gehört, daß er aus der Entstehung eines geistigen Akts Rückschlüsse zieht auf die Geltung seines Inhalts – mit anderen Worten: dem Psychologismus ist es darum zu tun, etwas logisch abzutun, indem er es psychologisch ableitet. Im speziellen Falle S. Freuds sagt H. Kunz: „Freuds Unvorsichtigkeit, das Psychologisieren, das heißt das Rekurrieren auf Tendenzen unbewußter Art, in den Kampf um die Psychoanalyse eingeführt zu haben, dürfte in einer außerwissenschaftlichen Bestrebung verwurzelt gewesen sein." Das Interesse an psychologischen Gründen, sagt Dietrich von Hildebrand, also daran, warum jemand eine Meinung äußert, eine Behauptung aufstellt, einen Standpunkt einnimmt gegenüber einer Theorie – all dies hat mehr und mehr das Interesse an der Frage verdrängt, ob nun diese Meinung, diese Behauptung oder

Theorie wahr sei oder nicht; sobald dem so ist, setzt Dietrich von Hildebrand fort, beginnt eine verheerende Verkehrung („a disastrous perversion") um sich zu greifen.

Um ein Beispiel beizubringen: Sigmund Freud stellt die Philosophie hin als „eine der anständigsten Formen der Sublimierung verdrängter Sexualität, nichts weiter" (Ludwig Binswanger, Erinnerungen an Sigmund Freud, Bern 1956). So verstehen wir denn, warum Scheler von der Psychoanalyse als einer „Alchimie" gesprochen hat, nach der es möglich sein soll, daß aus Trieben Dinge wie Güte, Liebe usf. hervorgehen. Am allerwenigsten, meint M. Boss, „läßt sich aus bloßen Trieben eine so exemplarische Existenz ableiten, wie sie uns Freud selbst vorgelebt hat. Eine Verwandlung von Trieben aus ihnen selbst heraus in die menschliche Verpflichtung zur Wahrhaftigkeit und Selbstaufopferung im Dienste einer Wissenschaft, wie sie Freuds Schicksal auszeichnet, bleibt für immer unvorstellbar."

Selbstverständlich: Es mag Fälle geben, in denen das Besorgt- und Bekümmertsein des Menschen, sagen wir: um so etwas wie einen letzten und höheren Sinn seines Lebens, wirklich „nichts weiter" als eine Sublimierung verdrängter Triebe darstellt, und es mag Fälle geben, in denen tatsächlich Werte „Reaktionsbildungen und sekundäre Rationalisierungen" darstellen. Für die Autoren Ginsburg und Herma sind sie nichts anderes; aber es wird sich hierbei wohl um Ausnahmefälle handeln, und allgemein ist das Ringen um einen Daseinssinn etwas Primäres, ja das primärste Charakteristikum und, wie wir es darum nennen wollen, ein Constituens menschlicher Existenz.

Demaskieren und Entlarven kann notwendig sein; aber es muß haltmachen vor dem Echten und darf nur Mittel zu dem Zweck sein, das Echte auszusparen, ja nur noch mehr abzuheben vom Unechten und um so mehr hervortreten zu lassen. Wo Demaskierung und Entlarvung hingegen Selbstzweck werden, wo sie vor dem Echten, das sich eben nicht entlarven läßt, nicht innehalten, dort ist Entlarvung in Wirklichkeit doch wieder bloßes Mittel zum Zweck; denn die Entlarvungstendenz dient dann einer Entwertungstendenz. Vor den Bäumen der Lebenslüge sieht dann der entlarvende Psychologe nicht mehr den Wald des Lebens selbst, dann münden Demaskieren und Entlarven in Zynismus, und schließlich werden sie selber zur Maske: zur Larve des Nihilismus.

Am allerwenigsten kann die Psychotherapie es sich leisten, den Willen zum Sinn zu ignorieren, indem sie im Sinne der sich als solche bezeichnenden entlarvenden Psychologie vor dem Sinnwillen als einem Ursprünglichen nicht stehenbleibt, sondern es für eine Maske hält. Ein amerikanischer Diplomat, der nicht weniger als fünf Jahre lang in New York in psychoanalytischer Behandlung gestanden war, wandte sich an mich. Er war von dem einen Wunsch beseelt, seine diplomatische Karriere aufzugeben. Der ihn behandelnde Analytiker jedoch hatte ihn die ganze Zeit über, wenn auch vergebens, dazu zu bewegen versucht, sich endlich einmal auszusöhnen mit – seinem Vater: der Chef sei nämlich „nichts als" eine Vaterimago, und das ganze Ressentiment und all der Groll gegenüber dem Amt stamme eben vom unversöhnlichen Kampf des Patienten gegen dessen Vaterimago. Die Frage, ob der Chef nicht wirklich verdient hätte, vom Patienten abgelehnt zu werden, und ob es nicht wirklich zu empfehlen wäre, daß der Patient seine diplomatische Karriere aufgibt bzw. seinen Beruf wechselt, war kein einziges Mal aufgetaucht die langen Jahre hindurch, die die Spiegelfechterei des Analytikers Arm in Arm mit dem Patienten gegen die Imagines gedauert hatte. Als ob es nichts gäbe, das würdig wäre, getan und geleistet zu werden, auch wenn es nicht imaginären Personen zuliebe – oder zum Trotz –, sondern realer Sachen wegen getan und geleistet wird ... Aber vor lauter Imagines war keine Realität mehr zu sehen; längst war sie den Blicken des Teams „Analytiker–Patient" entschwunden: es gab weder den wirklichen Chef noch das wirkliche Amt, noch die Welt jenseits aller Imagines, eine Welt, deren Aufgaben und Forderungen einer Lösung harrten. Die Analyse hatte den Patienten in eine weltlose Art und Weise der Selbstdeutung und des Selbstverstehens gelotst, ich möchte zu sagen wagen: in ein monadologistisches Menschenbild; denn zur analytischen Sprache gekommen war nur noch der unversöhnliche Trotz des Patienten gegenüber dessen Vaterimago. Aber es war nicht schwer zu erheben, daß der diplomatische Dienst und die Laufbahn des Patienten – wenn ich so sagen darf – seinen Willen zum Sinn frustriert hatten. Sobald der Patient den diplomatischen Dienst quittiert hatte, hatte er endlich Gelegenheit, seine Fähigkeiten zur Geltung zu bringen.

Noch ist die Besprechung eines Dritten ausständig – über den Willen zum Sinn und den Sinn des Leidens hinaus: Eine Besprechung der Freiheit des Willens hätte unsere Betrachtung des Menschenbildes der Psychotherapie zu vervollständigen. Womit wir uns bereits mitten in der metaklinischen Theorie aller Psychotherapie befänden, und Theorie will heißen Schau, das heißt Schau eines Bildes vom Menschen. Hierbei ist es jedoch nicht so, daß wir Ärzte Philosophie in die Medizin hineintragen; sondern es sind unsere Patienten, die ihre philosophische Problematik an uns herantragen.

Selbstverständlich ist der Mensch Bedingungen unterworfen, mag es sich nun um biologische, psychologische oder soziologische Bedingungen handeln: In diesem Sinne ist er keineswegs frei – er ist nicht frei von Bedingungen, er ist überhaupt nicht frei von etwas, sondern frei zu etwas, das will heißen, frei zu einer Stellungnahme gegenüber all den Bedingungen.

Unseres Erachtens eignet auch noch dem psychotischen Dasein ein Freiheitsgrad. Tatsächlich kann auch noch der im Sinne einer endogenen Depression leidende Mensch dieser Depression trotzen. Es sei mir verstattet, dies an Hand des Auszugs aus einer Krankengeschichte zu illustrieren, die ich für ein Document humain halte. Die Patientin war Karmelitin, und in ihrem Tagebuch schilderte sie den Verlauf der Erkrankung und der Behandlung – wohlgemerkt: einer auch pharmakotherapeutisch und nicht nur logotherapeutisch orientierten Behandlung. Ich beschränke mich auf das Zitat einer Stelle aus diesem Tagebuch: „Die Traurigkeit ist mein ständiger Begleiter. Was immer ich auch tue, sie lastet wie ein Bleigewicht auf meiner Seele. Wo sind meine Ideale, all das Große, Schöne, all das Gute, dem einst mein Streben galt? Nur gähnende Langeweile hält mein Herz gefangen. Ich lebe wie hineingeworfen in ein Vakuum. Denn es gibt Zeiten, da selbst der Schmerz sich mir versagt.“ Wir haben es also mit der Andeutung einer Melancholia anaesthetica zu tun. Die Patientin setzt ihre Schilderung fort: „In dieser Qual ruf' ich zu Gott, dem Vater aller. Doch auch er schweigt. So möchte ich eigentlich nur noch eines: sterben – heute noch, wenn möglich gleich." Und nun folgt ein Umschwung: „Wenn ich nicht das gläubige Bewußtsein hätte, daß ich nicht Herr über mein Leben bin – ich hätte es wohl schon oftmals fortgeworfen." Triumphierend fährt sie fort: „In diesem Glauben beginnt die ganze Bitterkeit des Leidens sich zu wandeln. Denn wer da meint, ein Menschenleben müsse ein Schreiten von Erfolg zu Erfolg sein, der gleicht wohl einem Toren, der kopfschüttelnd an einer Baustelle steht und sich wundert, daß da in die Tiefe gegraben wird, da doch ein Dom entstehen soll. Gott baut sich einen Tempel aus jeder Menschenseele. Bei mir ist Er gerade daran, die Fundamente auszuheben. Meine Aufgabe ist es nur, mich willig Seinen Spatenstichen hinzuhalten."

Ihr Beichtvater hatte ihr immer wieder vorgehalten, eine gute Christin dürfe nicht an einer Depression leiden. Aber das war Wasser auf die Mühle der für die endogene Depression so charakteristischen Tendenz zu Selbstvorwürfen. In Wirklichkeit ist Religiosität keine Garantie gegen eine neurotische oder gar eine psychotische Erkrankung. Umgekehrt garantiert Freisein von Neurose noch lange nicht, daß jemand religiös ist. Mit anderen Worten: es wäre kurzschlüssig, anzunehmen, Freiheit von Neurose garantiere mehr oder weniger automatisch wahre Religiosität. Nicht weniger kurzschlüssig wäre jedoch die Annahme, daß wahre Religiosität vor neurotischer Krankheit schützt. In diesem Sinne wird einen weder die Wahrheit frei noch die Freiheit wahr machen.

Selbstverständlich kann auch der Kliniker nur hier und da einmal einen Blick hinter die vordergründige Psychose auf die durch sie verstellte und verborgene Personalität des Kranken werfen; trotzdem bestätigt die ärztliche Praxis immer aufs neue, was ich einmal als mein psychiatrisches Credo bezeichnet habe: den unerschütterlichen Glauben an die geistige Personalität auch noch des psychotisch Erkrankten.

Es sei mir verstattet, an Hand eines klinischen Falles konkreter zu werden: Zu mir wird ein etwa 60jähriger Mann gebracht, der an einem Defekt- und Endzustand nach Schizophrenie leidet. Er hört Stimmen, halluziniert also akustisch, ist autistisch, tut den ganzen Tag nichts anderes als Papier zerreißen und führt solcherart ein scheinbar ganz und gar sinnloses Leben. Wollten wir uns an die Einteilung der Lebensaufgaben nach Alfred Adler halten, so erfüllt unser Patient – dieser „Idiot", wie er genannt wird – keine einzige der Lebensaufgaben: einer Arbeit geht er nicht nach, von der Gemeinschaft ist er soviel wie ausgeschlossen, und das Geschlechtsleben, von Liebe und Ehe nicht zu sprechen, ist ihm versagt. Und dennoch: Welch eigenartiger, merkwürdiger Charme geht von diesem Menschen aus, vom Kern seiner Menschlichkeit, die von der Psychose unberührt geblieben ist: vor uns steht ein Grandseigneur! Aus dem Gespräch ergibt sich, daß er mitunter jähzornig aufbraust, aber im letzten Moment sich zu beherrschen imstande ist. Da geschieht es, daß ich ihn von ungefähr frage: „Wem zuliebe beherrschen Sie sich dann doch!", und er antwortet mir: „Gott zuliebe …" Und da fallen mir die Worte von Kierkegaard ein: „Selbst wenn der Wahnsinn mir das Narrenkleid vor die Augen hielte – ich kann meine Seele noch erretten: wenn meine Liebe zu Gott in mir siegt."

Anhang

Was sagt der Psychiater zur modernen Literatur?

Vortrag, gehalten auf Einladung des Internationalen PEN-Clubs am 18. November 1975 in englischer Sprache unter dem Titel „A Psychiatrist Looks at Literature"

Als ich aufgefordert wurde, auf dieser Tagung einen Vortrag zu halten, war ich zuerst ziemlich dagegen. Sehen Sie, es gibt so viele Vertreter der zeitgenössischen Literatur, die auf dem Gebiet der Psychiatrie dilettieren – wenn auch einer längst veralteten Form von Psychiatrie –, daß ich die Zahl dieser Dilettanten nicht noch vermehren möchte, indem nun ich beginne, mich als Psychiater in die zeitgenössische Literatur einzumischen.

Dazu kommt noch, daß es von vornherein gar nicht ausgemacht ist, daß die Psychiatrie zu einer Stellungnahme auf diesem Gebiet überhaupt berechtigt ist. Lassen Sie sich doch nicht einreden, daß die Psychiatrie imstande ist, alle Probleme zu lösen. Bis zum heutigen Tag wissen wir Psychiater noch nicht einmal, was zum Beispiel die wirkliche Ursache der Schizophrenie ist – geschweige denn, daß wir bereits wüßten, wie sie zu heilen ist. Wir Psychiater sind eben weder allwissend noch allmächtig; das einzige göttliche Attribut, das man uns nachsagen kann, ist, daß wir allgegenwärtig sind: einen Psychiater sehen Sie auf jedem Symposion, hören Sie in jeder Diskussion und treffen Sie sogar auf dieser Tagung...

Und doch glaube ich, um nun im Ernst zu sprechen, daß man endlich einmal damit aufhören sollte, *die Psychiatrie* zu überschätzen und *zu vergötzen* – man täte besser daran, *sie zu vermenschlichen.* Und den Anfang müßte man damit machen, daß man das Menschliche im Menschen nicht mit dem Krankhaften an ihm in einen Topf wirft. Mit anderen Worten, was uns abverlangt ist, ist die Differentialdiagnose zwischen seelischem Krankenstand und geistigem Notstand – jener geistigen Not etwa, wie sie aus der Verzweiflung eines Menschen über die scheinbare Sinnlosigkeit seines Daseins hervorgeht – und wer wollte leugnen, daß es sich da um ein Lieblingsthema der zeitgenössischen Literatur handelt?

Nun, Sigmund Freud hat einmal in einem Brief an die Prinzessin Bonaparte gemeint, „im Moment, da man nach Sinn und Wert des Lebens fragt, ist man krank; man hat nur eingestanden, daß man einen Vorrat von unbefriedigter Libido hat.“ Nun, ich persönlich glaube eher, daß man dann nur eines bewiesen hat, nämlich, daß man wirklich Mensch ist. Denn kein Tier hat jemals die Frage nach dem Sinn seines Daseins gestellt. Nicht einmal eine der Graugänse von Konrad Lorenz. Aber den Menschen, den quält diese Frage. Dennoch ist das nicht das Symptom einer Neurose, vielmehr sehe ich es für eine menschliche Leistung an, und zu ihr gehört nicht nur, nach dem Sinn des Lebens zu fragen, sondern auch, einen solchen Sinn in Frage zu stellen.

Aber selbst, wenn es in einem Einzelfall wirklich so sein sollte, daß der Schöpfer eines literarischen Werkes richtiggehend krank ist – vielleicht sogar an einer Psychose leidet und nicht etwa nur an einer Neurose –, spricht dies auch nur im geringsten gegen Wert und Wahrheit seines Werkes? Ich glaube nicht. *Zweimal zwei ist vier, auch wenn's ein Schizophrener behauptet.* Und genauso glaube ich, daß es dem Wert von Hölderlins Dichtung und der Wahrheit von Nietzsches Philosophie keinen Abbruch tut, wenn ersterer an einer Schizophrenie erkrankt war und letzterer an einer Gehirnparalyse. Vielmehr bin ich überzeugt davon, daß die Namen jener Psychiater, die ganze Bücher geschrieben haben über die Psychosen dieser „Fälle“, zu einer Zeit längst vergessen sein werden, zu der die Werke von Hölderlin und Nietzsche noch gelesen werden.

Sosehr es aber auch richtig sein mag, daß Pathologie an sich noch lange nicht gegen ein Werk spricht, so wenig spricht Pathologie als solche zugunsten des Werkes. Wann immer ein Schriftsteller geisteskrank war – ein bedeutendes Werk von ihm ist nie wegen, sondern trotz seiner Psychose zustande gekommen. Krankheit selbst ist niemals schöpferisch.

In letzter Zeit ist es Mode geworden, Literatur nicht nur psychiatrisch zu beurteilen, sondern im besonderen auf unbewußte Psychodynamik hin, die ihr zugrunde liegen mag. So kommt es denn, daß die sogenannte Tiefenpsychologie ihre Hauptaufgabe im Entlarven verborgener beziehungsweise ins Unbewußte verdrängter Motivationen erblickt. Dies gilt selbstverständlich auch von der literarischen Produktion. Was dabei herauskommt, wenn das Werk eines Dichters auf *die Prokrustes-Couch* gelegt wird, mögen Sie an einer Buchbesprechung ermessen, die eine amerikanische Zeitschrift einem zweibändigen Werk über Goethe widmete, dessen Verfasser einer der prominentesten Psychoanalytiker ist: „Auf den 1538 Seiten porträtiert uns der Autor ein Genie mit den Kennzeichen manisch-depressiver, paranoider und epileptoider Störung, Homosexualität, Inzest, Voyeurismus, Exhibitionismus, Fetischismus, Impotenz, Narzißmus, Zwangsneurose, Hysterie, Größenwahn usw. Der Autor scheint sich fast ausschließlich auf die dem Kunstwerk zugrunde liegende Triebdynamik zu beschränken. Er will uns glauben machen, Goethes Werk sei nichts als das Resultat prägenitaler Fixierungen. Sein Kampf gelte nicht etwa einem Ideal, der Schönheit, irgendwelchen Werten, sondern in Wirklichkeit der Überwindung vorzeitigen Samenergusses." Hab' ich Ihnen zuviel versprochen? Wie weise war doch Freud selbst, wenn er einmal meinte, eine Zigarre müsse nicht immer als Penis-Symbol gedeutet werden, sondern könne einmal auch wirklich eine Zigarre bedeuten.

Ich möchte sagen, das Entlarven muß irgendwo haltmachen, und zwar genau dort, wo der Psychologe mit einem Phänomen konfrontiert ist, das sich einfach deshalb nicht weiter entlarven läßt, weil es echt ist. Wenn ein Psychologe aber auch dann noch nicht aufhört zu entlarven, dann entlarvt er noch immer etwas, aber was er dann entlarvt, ist sein eigenes unbewußtes Motiv, und das ist, das Menschliche im Menschen zu entwerten.

Man fragt sich nur, was dieses Demaskieren so attraktiv macht. Nun, es scheint für den Spießer ein Genuß zu sein, zu hören, daß Goethe auch nur ein Neurotiker war, ein Neurotiker wie du und ich, wenn ich so sagen darf. (Und wer sich von Neurose

100prozentig frei weiß, werfe den ersten Stein.) Irgendwie tut es anscheinend auch wohl, wenn einem gesagt wird, der Mensch sei nichts als ein nackter Affe, nichts als der Kriegsschauplatz von Es, Ich und Überich, nichts als der Spielball von Trieben, das Produkt von Lernprozessen, das Opfer sozio-ökonomischer Bedingungen und Umstände oder sogenannter Komplexe. Ungeachtet dieses so weit verbreiteten Determinismus und Fatalismus schrieb mir einmal eine Leserin aus Alabama: „Der einzige Komplex, an dem ich leide, ist der Gedanke, daß ich eigentlich Komplexe haben *müßte*, ohne wirklich welche zu haben. Ich habe eine fürchterliche Kindheit hinter mir, und doch bin ich überzeugt, daß aus dem Schrecklichen viel Positives hervorgegangen ist."

Mir will scheinen, als ob das Demaskieren, das ihnen der Reduktionismus mit seiner stereotypen Phrase „nichts als" vorexerziert, vielen Leuten eine ausgesprochen masochistische Freude bereitet. Dazu kommt noch, daß es, wie der Londoner Psychiater Brian Goodwin sagt, „den Leuten wohltut, wenn man ihnen einredet, sie seien nichts als dies oder jenes, genauso, wie die Leute glauben, ein Medikament, das wirksam sein soll, muß scheußlich schmecken".

Wenden wir uns wieder dem Thema des literarischen Demaskierens zu, so läßt sich sagen: Auf was immer der Reduktionismus die literarische Produktion zurückführt – sei es auf Normales oder Abnormes, auf Bewußtes oder Unbewußtes –, man neigt heute dazu, die literarische Produktion als einen Akt der Selbst-Darstellung zu interpretieren. Demgegenüber bin ich nun der Ansicht, daß alles Schreiben aus einem Sprechen hervorgeht und alles Sprechen wieder aus einem Denken. Es gibt aber kein Denken ohne ein Gedachtes, ohne etwas, das jeweils gemeint wird, mit einem Wort, ohne einen Gegenstand. Und dasselbe gilt insofern auch vom Schreiben und vom Sprechen, als auch sie immer einen Sinn intendieren – den Sinn, den sie eben vermitteln wollen. Und solange Sprache nicht einen Sinn, nicht eine Botschaft zu vermitteln hat, ist sie noch gar nicht Sprache. Es stimmt einfach nicht, daß – wie der bekannte Buchtitel lautet – „Das Medium (selbst) die Botschaft ist". Vielmehr glaube ich, daß es die

Botschaft ist, die das Medium, das die Botschaft vermittelt, überhaupt erst zu einem Medium macht.

Jedenfalls ist Sprache die Darstellung eines Sachverhalts und mehr als eine bloße Selbst-Darstellung. Mit einer Ausnahme. Es gehört zum Wesen der Sprache schizophrener Patienten, wie ich vor Jahren nachweisen konnte, daß sie sich nicht mehr auf einen Gegenstand bezieht, sondern tatsächlich nur noch Ausdruck eines Zustands ist.

Die Sprache normaler Menschen jedoch ist und bleibt gegenstandsbezogen, sie weist über sich selbst hinaus. Mit einem Wort, Sprache ist ausgezeichnet durch ihre Selbst-Transzendenz. Und dasselbe gilt von menschlichem Dasein ganz allgemein. Mensch-Sein ist immer auf etwas gerichtet, das nicht wieder es selbst ist – auf etwas oder auf jemanden, auf einen Sinn, den da ein Mensch erfüllt, oder auf anderes menschliches Sein, dem er da begegnet.

Diese Selbst-Transzendenz menschlicher Existenz läßt sich am besten erläutern an Hand des Auges. Ist Ihnen jemals die Paradoxie aufgefallen, daß die Fähigkeit des Auges, die Welt wahrzunehmen, abhängig ist von seiner Unfähigkeit, sich selbst wahrzunehmen? Wann sieht denn das Auge sich selbst oder etwas von sich selbst? Doch nur, wenn es erkrankt ist. Wenn ich an einem Grauen Star leide, dann nehme ich ihn in Form eines Nebels wahr, den ich sehe, und wenn ich an einem Grünen Star erkrankt bin, dann sehe ich, rings um die Lichtquellen, einen Hof von Regenbogenfarben. So oder so, in dem Maße, in dem das Auge etwas von sich selbst sieht, ist das Sehen auch schon gestört. Das Auge muß sich selbst übersehen können. Und genauso verhält es sich mit dem Menschen. Je mehr er sich selbst übersieht, je mehr er sich selbst vergißt, indem er sich hingibt einer Sache oder anderen Menschen, desto mehr ist er Mensch, desto mehr verwirklicht er sich selbst. Erst die Selbstvergessenheit führt zur *Sensitivität* und erst die Selbsthingabe zur *Kreativität.*

Auf Grund seiner Selbst-Transzendenz ist der Mensch ein Wesen auf der Suche nach Sinn. Im Grunde ist er beherrscht von einem Willen zum Sinn. Heute aber ist der Wille zum Sinn weitgehend frustriert. An uns Psychiater wenden sich immer mehr

Patienten, die über ein Gefühl der Sinnlosigkeit klagen. Dieses Sinnlosigkeitsgefühl ist zur Massenneurose von heute geworden. Heute ist der Mensch nicht mehr so sehr wie zur Zeit von Sigmund Freud sexuell, sondern existentiell frustriert. Und heute leidet er weniger als zur Zeit von Alfred Adler an einem Minderwertigkeitsgefühl, sondern eben an einem Sinnlosigkeitsgefühl, das mit einem Leeregefühl einhergeht, mit einem existentiellen Vakuum. Wenn Sie mich fragen, wie ich mir die Heraufkunft des Sinnlosigkeitsgefühls erkläre, dann kann ich nur sagen, im Gegensatz zum Tier sagt dem Menschen kein Instinkt, was er *muß*, und im Gegensatz zum Menschen in früheren Zeiten sagt ihm keine Tradition mehr, was er *soll* – und nun scheint er nicht mehr recht zu wissen, was er eigentlich *will*. So kommt es denn, daß er entweder nur will, was die anderen tun – und da haben wir den Konformismus –, oder aber er tut nur, was die anderen wollen, von ihm wollen – und da haben wir den Totalitarismus.

Wenn es nicht so frivol klänge, würde ich aber auch sagen, daß das Sinnlosigkeitsgefühl etwas mit dem Generalthema Ihrer Tagung zu tun hat, so zwar, daß gerade die 3 Jahrzehnte des Friedens, die ihm geschenkt worden sind, dem Menschen von heute den Luxus ermöglichen, über den Kampf ums Dasein, ums bloße Überleben, hinauszufragen nach einem Wozu des Überlebens, nach einem letzten Sinn des Daseins. Mit anderen Worten, von diesen 30 Jahren läßt sich mit Ernst Bloch sagen: „Die Menschen bekommen jene Sorgen geschenkt, die sie sonst nur in der Todesstunde haben."

Sei dem, wie dem wolle, das Sinnlosigkeitsgefühl liegt auch der weltweiten Zunahme von Phänomenen wie Aggressivität beziehungsweise Kriminalität, Drogenabhängigkeit und Selbstmord, namentlich unter der akademischen Jugend, zugrunde.

Als Symptom der Massenneurose mag sich aber auch so manches Œuvre zeitgenössischer Literatur deuten lassen. Gerade dann, wenn sich der Schriftsteller auf eine bloße Selbst-Darstellung beschränkt beziehungsweise mit ihr begnügt, bringt dieser „nichts sagende", nur sich selbst zum Ausdruck bringende *literarische Exhibitionismus* auch das eigene Sinnlosigkeitsgefühl zum Ausdruck. Mehr als dies: Sinnlosigkeit, Absurdität, wird nicht nur zum Ausdruck gebracht, sondern auch auf die Bühne gebracht. Und dies ist sehr wohl verständlich. Denn echter Sinn muß entdeckt und kann nicht erfunden werden. Sinn läßt sich nicht erzeugen. Er ist nicht machbar. Aber Un-sinn *ist* machbar, und davon macht so mancher Schriftsteller auch reichlich Gebrauch. Überwältigt vom Sinnlosigkeitsgefühl, ausgesetzt und ausgeliefert einer totalen Sinnleere, stürzt er sich in das Abenteuer, die Sinnleere mit Un-sinn, mit Absurdität, aufzufüllen.

Die Literatur hat aber die Wahl. Sie muß nicht ein Symptom der Massenneurose von heute sein, sondern sie kann auch einen Beitrag zur Therapie leisten. Denn gerade die Menschen, die durch die Hölle der Verzweiflung über die scheinbare Sinnlosigkeit des Daseins hindurch mußten, sind aufgerufen, ihr Leiden anderen Menschen zum Opfer zu bringen. Gerade die Selbst-Darstellung ihrer Verzweiflung kann den Lesern, die sich ebenfalls mit dem *Leiden am sinnlosen Leben* herumschlagen, dazu verhelfen, es zu überwinden, und sei es auch nur, indem sie spüren, daß sie nicht allein sind, mit anderen Worten, indem das Gefühl der *Absurdität* in ein Gefühl der *Solidarität* übergeht. Wann immer dies aber geschieht, lautet die Alternative nicht mehr „Symptom oder Therapie", sondern dann *ist* das Symptom eine Therapie!

Freilich, wenn die Literatur diese therapeutische Funktion ausüben, wenn sie ihr *therapeutisches Potential* verwirklichen soll, dann muß sie sich versagen, sich sadomasochistisch in Nihilismus und Zynismus zu ergehen. So kathartisch es sich auswirken mag, wenn der Schriftsteller sein Sinnlosigkeitsgefühl dem Leser mitteilt und solcherart mit ihm teilt, so unverantwortlich ist es, wenn er die Sinnlosigkeit des Daseins auch noch zynisch predigt. Wenn der Schriftsteller nicht fähig ist, den Leser gegen Verzweiflung zu *immunisieren*, dann soll er es doch wenigstens unterlassen, ihn mit Verzweiflung noch zu *infizieren*.

Meine Damen und Herren, morgen habe ich die Ehre, im Rahmen der Österreichischen Buchwoche den Eröffnungsvortrag zu halten. Der Titel, den ich wählte, lautet: Das Buch als Therapeutikum. In diesem Zusammenhang werde ich meine Zuhörer mit Fällen konfrontieren, in denen ein Buch auf Seiten des Lesers nicht nur das Leben, sondern auch das Weiterleben entschieden hat, indem es ihn vor dem Selbstmord bewahrt hat. Als Arzt kenne ich Fälle, in denen ein Buch Menschen auf ihrem Sterbebett geholfen hat, und anderen im Kerker. Und ich werde die Geschichte von Aaron Mitchell erzählen. Der Direktor des berüchtigten Zuchthauses von San Quentin, das sich in der Nähe von San Francisco befindet, hatte mich eingeladen, vor den Häftlingen – durchaus Schwerst-Kriminellen – einen Vortrag zu halten. Nachdem ich dies getan hatte, stand einer meiner Zuhörer auf und sagte, den Leuten von der death row, in deren Zellen sich die zum Tod Verurteilten aufhalten, sei es verboten worden, zum Vortrag zu kommen, und er fragte, ob ich nicht einem von ihnen, Mr. Mitchell, der in wenigen Tagen in der Gaskammer exekutiert wird, wenigstens durchs Mikrophon ein paar Worte sagen könnte. Ich war hilflos. Aber ich konnte mich nicht herumdrücken um die Bitte. So improvisierte ich denn: „Glauben Sie mir, Mr. Mitchell, irgendwie kann ich Ihre Situation verstehen. Schließlich mußte auch ich eine Zeitlang im Schatten einer Gaskammer leben. Aber, glauben Sie mir, Mr. Mitchell, auch damals habe ich nicht einen Augenblick lang meine Überzeugung aufgegeben, daß das Leben unter allen Bedingungen und Umständen einen Sinn hat. Denn entweder es *hat* einen Sinn – dann muß es ihn auch behalten, wenn es noch so kurz dauert. Oder aber es hat *keinen* Sinn – dann könnte es auch nicht sinnvoll werden, wenn es noch so lange dauern würde. Selbst ein Leben, das wir anscheinend vertan haben, läßt sich noch rückwirkend mit Sinn erfüllen, indem wir gerade durch die Selbsterkenntnis über uns hinauswachsen." Und wissen Sie, was ich dem Mr. Mitchell dann erzählt habe? Die Geschichte vom Tod des Iwan Iljitsch, wie sie uns Tolstoi hinterlassen hat. Sie wissen: die Geschichte eines Mannes, der auf einmal mit der Tatsache konfrontiert ist, daß er nicht mehr lange zu leben hat, und dem plötzlich zum Bewußtsein kommt, wie sehr er das Leben verpfuscht hatte. Aber gerade an dieser Einsicht wächst er innerlich so sehr über sich hinaus, daß er noch imstande ist, das scheinbar so sinnlos gewesene Leben rückwirkend mit Sinn zu überfluten.

Mr. Mitchell war der letzte Mann, der in der Gaskammer von

San Quentin starb. Kurz vor seinem Tod jedoch gab er dem San Francisco Chronicle ein Interview, und aus ihm geht eindeutig hervor, daß er die Geschichte vom Tod des Iwan Iljitsch in jeder Beziehung mitbekommen hatte ...

Aus alledem soll hervorgehen, was ein Buch dem schlichten und einfachen Mann von der Straße mit auf den Weg geben kann, auf den Weg ins Leben und auf den Weg in den Tod. Gleichzeitig fällt aber auch ein Licht auf die unabsehbare soziale Verantwortung, die der Schriftsteller trägt.

Wenden Sie nicht ein, daß wir doch bedingungslos für die Freiheit der Meinung und ihrer Äußerung in Wort und Schrift einzutreten und uns einzusetzen haben. Ich bin gegen das „bedingungslos". Denn Freiheit ist nicht das letzte Wort. Sondern Freiheit droht in Willkür auszuarten, wofern sie nicht in Verantwortlichkeit gelebt wird. Und jetzt werden Sie vielleicht verstehen, warum ich meinen amerikanischen Studenten so oft empfehle, sie sollten ihre Freiheitsstatue mit einer Verantwortlichkeitsstatue ergänzen.

Bücher über Logotherapie*

Böckmann, Walter: Sinn-orientierte Leistungsmotivation und Mitarbeiterführung. Ein Beitrag der Humanistischen Psychologie, insbesondere der Logotherapie nach Viktor E. Frankl, zum Sinn-Problem der Arbeit. Enke, Stuttgart 1980.

– Heilen zwischen Magie und Maschinenzeitalter. Ein Beitrag der Humanistischen Psychologie, insbesondere der Logotherapie nach Viktor E. Frankl, zum Phänomen des Heilens. littera produktion bielefeld 1981.

Bösch, Detmar: Friedenspädagogik im Unterricht. Theorie und Praxis der Logotherapie Viktor E. Frankls und ihre Bedeutung für unterrichtliches Planen und Handeln. Universität Oldenburg (Zentrum für psychologische Berufspraxis), Oldenburg 1982.

Böschemeyer, Uwe: Die Sinnfrage in Psychotherapie und Theologie. Die Existenzanalyse und Logotherapie Viktor E. Frankls aus theologischer Sicht. Walter de Gruyter, Berlin–New York 1977.

– Mut zum Neubeginn. Logotherapeutische Beratung in Lebenskrisen. Herder, Freiburg im Breisgau 1988.

Bulka, Reuven P.: The Quest for Ultimate Meaning. Principles and Applications of Logotherapy. With a Foreword by Viktor E. Frankl. Philosophical Library, New York 1979.

– Uncommon Sense for Common Problems (A Logotherapy Guide to Life's Hurdles and Challenges). Lugus, Toronto 1990.

Bulka, Reuven P., Joseph B. Fabry und *William S. Sahakian:* Logotherapy in Action. Foreword by Viktor E. Frankl. Aronson, New York 1979.

Crumbaugh, James C.: Everything to Gain. A Guide to Self-fulfillment Through Logoanalysis. Nelson-Hall, Chicago 1973.

Crumbaugh, James C., William M. Wood und *W. Chadwick Wood:* Logotherapy. New Help for Problem Drinkers. Foreward by Viktor E. Frankl. Nelson-Hall, Chicago 1980.

---

* Angeführt sind nur die in deutscher und englischer Sprache erschienenen Werke.

Dienelt, Karl: Erziehung zur Verantwortlichkeit. Die Existenzanalyse V. E. Frankls und ihre Bedeutung für die Erziehung. Österreichischer Bundesverlag, Wien 1955.
– Von Freud zu Frankl. Österreichischer Bundesverlag, Wien 1967.
– Von der Psychoanalyse zur Logotherapie. Uni-Taschenbücher 227, Ernst Reinhardt, München-Basel 1973.
Döring, Dieter: Die Logotherapie Viktor Emil Frankls. Forschungsstelle des Instituts für Geschichte der Medizin der Universität, Köln 1981.
Fabry, Joseph B.: Das Ringen um Sinn. Eine Einführung in die Logotherapie. Herder, Freiburg im Breisgau 1973–1980.
Finck, Willis C., Finck, Margaret Davis, and *Larson, Larry D.,* eds., Pursuit of Meaning: The Proceedings of the Seventh World Congress of Logotherapy. Institute of Logotherapy Press, Berkeley 1989. (Distributed by: Viktor Frankl Institute of Logotherapy, P. O. Box 2852, Saratoga, CA 95070.)
Frankl, Viktor E.: Ärztliche Seelsorge. Grundlagen der Logotherapie und Existenzanalyse. Franz Deuticke, Wien, und Fischer Taschenbuch 42302, Frankfurt am Main, 1946–1987.
– Die Psychotherapie in der Praxis. Eine kasuistische Einführung für Ärzte. Franz Deuticke, Wien, und Serie Piper 475, München, 1947–1986.
– Der unbewußte Gott. Psychotherapie und Religion. Kösel-Verlag, München 1948–1988.
– Theorie und Therapie der Neurosen. Einführung in Logotherapie und Existenzanalyse. Uni-Taschenbücher 457, Ernst Reinhardt, München–Basel 1956–1987.
– Psychotherapie für den Laien. Rundfunkvorträge über Seelenheilkunde. Herder, Freiburg im Breisgau 1971–1989 (Psychotherapie für jedermann).
– Der Wille zum Sinn. Ausgewählte Vorträge über Logotherapie. Serie Piper 1238, München 1972–1991.
– Der leidende Mensch. Anthropologische Grundlagen der Psychotherapie. Piper, München, 1975–1990.
– Das Leiden am sinnlosen Leben. Psychotherapie für heute. Herder, Freiburg im Breisgau 1977–1989.
– ... trotzdem Ja zum Leben sagen. Ein Psychologe erlebt das Konzentrationslager. Kösel-Verlag und dtv 10023, München 1977–1990 (eine Sonderausgabe für den Deutschunterricht an japanischen Schulen erschien in Tokyo, Dogakusha Verlag).
– Der Mensch vor der Frage nach dem Sinn. Eine Auswahl aus dem Gesamtwerk. Vorwort von Konrad Lorenz. Serie Piper 289, München 1979–1989.
– Die Sinnfrage in der Psychotherapie. Vorwort von Franz Kreuzer. Serie Piper 214, München 1981–1988.

– Logotherapie und Existenzanalyse. Texte aus fünf Jahrzehnten. Piper, München 1987.
– Psychotherapy and Existentialism. Selected Papers on Logotherapy. Simon and Schuster, New York, und Souvenir Press, London, 1967–1985.
– The Will to Meaning. Foundations and Applications of Logotherapy. New American Library, New York. London and Scarborough, 1969–1988.
– The Unheard Cry for Meaning. Psychotherapy and Humanism. Simon and Schuster, New York, und Hodder and Stoughton, London, 1978–1988.

Frankl, Viktor E., Joseph Pieper und *Helmut Schöck:* Altes Ethos – neues Tabu. Adamas, Köln 1974.

Frankl, Viktor E., Paul Tournier, Harry Levinson, Helmut Thielicke, Paul Lehmann und *Samuel H. Miller:* Are You Nobody? John Knox Press, Richmond, Virginia, 1966–1971.

Frankl, Viktor E., und *Franz Kreuzer:* Im Anfang war der Sinn. Von der Psychoanalyse zur Logotherapie. Franz Deuticke, Wien 1982, und Serie Piper 520, München 1982–1986.

Jones, Frederic H. und *Judith K. Jones:* Viktor Frankl's Logotherapy. The Proceedings of the Fifth World Congress of Logotherapy. Berkeley, Institute of Logotherapy Press, 1986.

Keppe, Norberto R.: From Sigmund Freud to Viktor E. Frankl. Integral Psychoanalysis. Proton Editora, São Paulo 1980.

Kolbe, Christoph: Heilung oder Hindernis. Religion bei Freud, Adler, Fromm, Jung und Frankl. Kreuz-Verlag, Stuttgart 1986.

Kühn, Rolf: Sinn – Sein – Sollen: Beiträge zu einer phänomenologischen Existenzanalyse in Auseinandersetzung mit dem Denken Viktor E. Frankls. Junghans, Cuxhaven 1991.

Kurz, Wolfram K.: Ethische Erziehung als religionspädagogische Aufgabe: Strukturen einer sinnorientierten Konzeption religiöser Erziehung unter besonderer Berücksichtigung der Sinn-Kategorie und der Logotherapie V. E. Frankls. Vandenhoeck & Ruprecht, Göttingen 1987.

Längle, Alfried (Hrsg.): Wege zum Sinn. Logotherapie als Orientierungshilfe. Serie Piper 289, München 1985.
– Sinnvoll leben. Angewandte Existenzanalyse. Niederösterreichisches Pressehaus, St. Pölten–Wien 1987.
– (Hrsg.): Entscheidung zum Sein. Viktor E. Frankls Logotherapie in der Praxis. Serie Piper 791, München-Zürich 1988.

Längle, Alfried und *Günter Funke* (Hrsg.): Mut und Schwermut. Existenzanalyse der Depression. Gesellschaft für Logotherapie und Existenzanalyse, Wien 1987.

Längle, Alfried (Hrsg.): Existenz zwischen Zwang und Freiheit. Tagungsbericht der Gesellschaft für Logotherapie und Existenzanalyse. Gesellschaft für Logotherapie und Existenzanalyse, Wien 1988.

Lazar, Edward, Sandra A. Wawrytko and *James W. Kidd*, eds.: Viktor Frankl, People and Meaning: A Commemorative Tribute to the Founder of Logotherapy on His Eightieth Birthday. San Francisco, Golden Phönix Press, 1985.

Leslie, Robert C.: Jesus and Logotherapy. The Ministry of Jesus as Interpreted Through the Psychotherapy of Viktor Frankl. Abingdon Press, New York–Nashville, 1965–1968.

Lukas, Elisabeth: Auch dein Leben hat Sinn. Logotherapeutische Wege zur Gesundung. Herder, Freiburg im Breisgau, 1980–1984.

– Auch deine Familie braucht Sinn. Logotherapeutische Hilfen in Ehe und Erziehung. Herder, Freiburg im Breisgau 1981.

– Auch dein Leiden hat Sinn. Logotherapeutischer Trost in der Krise. Herder, Freiburg im Breisgau, 1982–1986.

– Von der Tiefen- zur Höhenpsychologie. Logotherapie in der Beratungspraxis. Herder, Freiburg im Breisgau, 1983–1984.

– Psychologische Seelsorge. Logotherapie – die Wende zu einer menschenwürdigen Psychologie. Herder, Freiburg im Breisgau 1985.

– Psychologische Vorsorge. Krisenprävention und Innenweltschutz aus logotherapeutischer Sicht. Herder, Freiburg im Breisgau 1989.

– Sinn-Zeilen. Logotherapeutische Weisheiten. Herder, Freiburg im Breisgau 1985–1987.

– Die magische Frage „wozu“. Logotherapeutische Antworten auf existenzielle Fragen. Herder, Freiburg im Breisgau 1991.

– Meaningful Living. Logotherapeutic Guide to Health. Foreword by Viktor E. Frankl. Grove Press, New York 1986.

– Meaning in Suffering: Comfort in Crisis through Logotherapy. Berkeley, California, Institute of Logotherapy Press, 1986.

– Logo-Test. Test zur Messung „existentieller Frustration“. Franz Deuticke, Wien 1986.

– Von der Trotzmacht des Geistes. Menschenbild und Methoden der Logotherapie. Herder, Freiburg im Breisgau 1986.

– Gesinnung und Gesundheit. Lebenskunst und Heilkunst in der Logotherapie. Herder, Freiburg im Breisgau 1987.

– Rat in ratloser Zeit. Anwendungs- und Grenzgebiete der Logotherapie. Herder, Freiburg im Breisgau 1988.

– Geist und Sinn: Logotherapie – die dritte Wiener Schule der Psychotherapie. Mit Beiträgen von Gertrud Simmerding, Franz Sedlak und Wolfram K. Kurz. Psychologie Verlags Union, München 1990.

Pareja Herrera, Guillermo: Victor E. Frankl. Comunicación y resistencia. Premia, Tlahuapan (Mexico) 1987.

Peeck, Stephan: Suizid und Seelsorge. Die Bedeutung der anthropologischen Ansätze V. E. Frankls und P. Tillichs für Theorie und Praxis der Seelsorge an suizidgefährdeten Menschen. Calwer, Stuttgart 1991.

Polak, Paul: Frankls Existenzanalyse in ihrer Bedeutung für Anthropologie und Psychotherapie. Tyrolia-Verlag, Innsbruck–Wien 1949 (vergriffen).

Röhlin, Karl-Heinz: Sinnorientierte Seelsorge. Die Existenzanalyse und Logotherapie V. E. Frankls im Vergleich mit den neueren evangelischen Seelsorgekonzeptionen und als Impuls für die kirchliche Seelsorge. tuduv-Verlagsgesellschaft, München 1986.

Sinn-voll heilen. Victor E. Frankls Logotherapie – Seelenheilkunde auf neuen Wegen. Vorwort von Irmgard Karwatzki. Herder, Freiburg im Breisgau 1984.

Takashima, Hiroshi: Psychosomatic Medicine and Logotherapy. Foreword by Viktor E. Frankl. Dabor Science Publications, Oceanside, New York 1977.

– Humanistic Psychosomatic Medicine. A Logotherapy Book. Berkeley, Institute of Logotherapy Press, 1984.

Tweedie, Donald F.: Logotherapy and the Christian Faith. An Evaluation of Frankl's Existential Approach to Psychotherapy. Preface by Viktor E. Frankl. Baker Book House, Grand Rapids, Michigan, 1961–1972.

– The Christian and the Couch. An Introduction to Christian Logotherapy. Baker Book House, Grand Rapids, Michigan, 1963.

Ungersma, Aaron J.: The Search for Meaning. Foreword by Viktor E. Frankl. Westminster Press, Philadelphia 1961–1968.

Wawrytko, Sandra A.: Analecta Frankliana. The Proceedings of the First World Congress of Logotherapy (1980). Berkeley, Institute of Logotherapy Press, 1982.

Wicki, Beda: Die Existenzanalyse von Viktor E. Frankl als Beitrag zu einer anthropologisch fundierten Pädagogik. Paul Haupt, Bern 1991.

Yoder, James D.: Meaning in Therapy. A Logotherapy Casebook for Counselors. Columbus, Georgia 31908, Quill Publications, 1989.

Frankl, Viktor E.: „... trotzdem hat das Leben einen Sinn (Argumente für einen tragischen Optimismus)." (Vortrag im Tiroler Landestheater am 10. Juni 1983.) Bestellnummer: 1150/8306. Bestelladresse: Audiotex (Karlheinz Hammerle), Gramartstraße 46 D, A-6020 Innsbruck. Versand per Nachnahme. Preis: öS 140.– incl. 20% Mehrwertsteuer. Audiokassette.

– „Bewältigung der Vergänglichkeit." (Vortrag im Funkhaus Dornbirn am 23. Oktober 1984.) Bestellnummer: 1350/8410. Bestelladresse: Audiotex (Karlheinz Hammerle), Gramartstraße 46 D, A-6020 Innsbruck. Versand per Nachnahme. Preis: öS 130.– incl. 20% Mehrwertsteuer. Audiokassette.

- „Kollektiv und Person: Zur Kritik der Kollektivschuld-Lüge" (Vortrag im ORF-Landesstudio Vorarlberg am 2. November 1987). Bestelladresse: ORF-Landesstudio Vorarlberg, Postfach 9, A-6851 Dornbirn (Tel.: 05572-64681). Preis: öS 100.– inkl. Versand. Audiokassette.
- „Der Mensch auf der Suche nach Sinn.", Vortrag am 6. Juni 1989 im Grazer „Congress" über Einladung von Landeshauptmann Dr. Josef Krainer. Tonbandkassetten können zum Selbstkostenpreis (S 100.–) bezogen werden vom Büro des Landeshauptmanns, A-8010 Graz-Burg.
- „Der Mensch auf der Suche nach Sinn." (Vortrag, gehalten in Bludenz am 9. November 1990). Audiokassette, zu beziehen beim ORF-Landesstudio Vorarlberg, Postfach 9, A-6851 Dornbirn. (Tel.: 05572/64681).

Autorenverzeichnis

Sachverzeichnis

Weitere Werke von Viktor E. Frankl

PSYCHOTHERAPIE FÜR DEN ALLTAG
Herder/Spektrum
Band 4030

„Die Darstellungen sind in allgemeinverständlicher Form gehalten, ohne die eigene Schulrichtung speziell in den Vordergrund zu rücken."
Psychologie und Praxis

„In diesem Bande sind im besten Sinne allgemeinverständliche Rundfunksendungen des weltbekannten Wissenschaftlers sehr glücklich zusammengestellt. Sie vermitteln nicht nur ohne jede Effekthascherei Einblick in die moderne Psychiatrie; der Band enthält auch echte Lebenshilfe für fragende, suchende, leidende Menschen." *Die Zeit im Buch*

DER MENSCH VOR DER FRAGE NACH DEM SINN
Eine Auswahl aus dem Gesamtwerk
7 Auflagen, Piper, München

ÄRZTLICHE SEELSORGE
Grundlagen der Logotherapie und Existenzanalyse
14 Auflagen, Deuticke, Wien

„Wohl der entschiedenste Vorstoß, den die analytische Therapie seit Freud gemacht hat."
Prof. Dr. H. Kranz im Zentralblatt für die gesamte Neurologie und Psychiatrie

„Ein wissenschaftlicher Bestseller: der wohl bedeutendste Versuch, sich theoretisch von der Freudschen Grundposition zu lösen."
Zentraler Lektoratsdienst für öffentliche Bibliotheken

... TROTZDEM JA ZUM LEBEN SAGEN
Ein Psychologe erlebt das Konzentrationslager
13 Auflagen, Kösel-Verlag und dtv 10023, München

„Ein Buch, das sich nicht überleben wird." *Rhein-Neckar-Zeitung*

„Frankls Buch kann als eines der großen documents humains unserer Zeit angesehen werden." *Professor Dr. Herbert Spiegelberg, Washington University*

DIE SINNFRAGE IN DER PSYCHOTHERAPIE
2 Auflagen, Serie Piper 214, München

DER WILLE ZUM SINN
Ausgewählte Vorträge über Logotherapie
3 Auflagen, Verlag Hans Huber, Bern

„Ich glaube, daß die Arbeiten von Frankl der wichtigste Beitrag zur Psychotherapie seit Freud sind." *Prof. Dr. F. Hoff in der Therapiewoche*

DIE PSYCHOTHERAPIE IN DER PRAXIS
Eine kasuistische Einführung für Ärzte
5 Auflagen, Franz Deuticke, Wien

„Die Stärke des Buches liegt in seiner Unvoreingenommenheit, Lebensnähe und seinem Einfallsreichtum.
Zentralblatt für die gesamte Neurologie und Psychiatrie

DER UNBEWUSSTE GOTT
Psychotherapie und Religion
8 Auflagen, Kösel-Verlag, München

„Es ist keine Übertreibung, wenn wir unserer Überzeugung Ausdruck verleihen, daß Frankl in die Geschichte der Psychiatrie eingehen wird als der Arzt des Leitens des 20. Jahrhunderts." *Österreichische Hochschulzeitung*

DER LEIDENDE MENSCH
Anthropologische Grundlagen der Psychotherapie
2 Auflagen, Verlag Hans Huber, Bern

„Vollgepackt mit empirischen Ergebnissen - in einer gut lesbaren und verständlichen Sprache verfaßt- eine Seltenheit bei wissenschaftlicher Literatur."
Die Tat

THEORIE UND THERAPIE DER NEUROSEN
Einführung in Logotherapie und Existenzanalyse
6 Auflagen, Uni-Taschenbücher 457

„Frankls blendende Diktion und die reiche Kasuistik aus eigener Praxis und der seiner Schüler in Europa und Übersee machen die Lektüre des Buches zum Vergnügen. *Österreichische Krankenhaus-Zeitschrift*

„Das ganze Buch zeichnet sich aus durch eine heute selten gewordene Klarheit des Ausdruckes, durch Brillanz und zwingende Logik der Gedankenführung."
Der praktische Arzt

LOGOTHERAPIE UND EXISTENZANALYSE
Texte aus fünf Jahrzehnten
Piper, München

„Gäbe es Frankls Werk nicht, wir bräuchten es dringend. Gerade heute, wo Zukunftsängste und Sinnkrise bei jungen Menschen – und nicht nur bei ihnen – so deutlich ausgeprägt sind wie möglicherweise niemals zuvor."
Bild der Wissenschaft

MAN'S SEARCH FOR MEANING
An Introduction to Logotherapy
78 Auflagen, Simon and Schuster, New York

„Ich halte dieses Buch für einen der herausragenden Beiträge zur Psychologie der letzten 50 Jahre.« *Prof. Dr. Carl R. Rogers*

PSYCHOTHERAPY AND EXISTENTIALISM
Selected Papers on Logotherapy
12 Auflagen, Simon and Schuster, New York

„Frankl developed his ideas now generaly known as the Third School of Viennese Psychiatry – the School of Logotherapy. The incredible attempts to dehumanize man at the concentration camps of Auschwitz and Dachau led Frankl to commence the humanization of psychiatry through logotherapy."
Prof. Dr. Gerald F. Kreyche

THE WILL TO MEANING
Foundations and Applications of Logotherapy
11 Auflagen, New American Library, New York

„Perhaps, the most significant thinking since Freud and Adler.«
American Journal of Psychiatry

THE UNHEAD CRY FOR MEANING
Psychotherapy and Humanism
8 Auflagen, Simon and Schuster, New York

Sinn finden im Leiden

Richard Lamerton
Sterbenden Freund sein
Helfen in der letzten Lebensphase
Band 4004

Irmhild Söhl
Tadesse, warum?
Das kurze Leben eines äthiopischen Kindes in einem deutschen Dorf
Band 4005, 3. Auflage

Lorenz Wachinger
Wie Wunden heilen
Sanfte Wege der Psychotherapie
Band 4009

Jürgen-Peter Stössel
Tüchtig oder tot
Die Entsorgung des Leidens
Band 4012

Elfriede Mosenthin
Am Ende bleibt die Menschlichkeit
Als Nachtschwester auf einer Pflegestation
Band 4015

Verena Kast
Loslassen und sich selber finden
Die Ablösung von den Kindern
Band 4002, 2. Auflage

Sinnvoll leben

Elisabeth Lukas
Auch dein Leben hat Sinn
Logotherapeutische Wege zur Gesundung
Band 4011

Elie Wiesel
Den Frieden feiern
Mit einer Rede von Václav Havel
Band 4019

Waltraud von Tucher
Das Baby-Nest
Ein Kampf gegen Paragraphen und Lieblosigkeit
Band 4026

Margot Dombrowe
Ab morgen nie wieder
Der verzweifelte Kampf einer Mutter
um ihren drogensüchtigen Sohn
Band 4028

Marie Luise Kaschnitz
Zeiten des Lebens
Band 4029

Viktor E. Frankl
Psychotherapie für den Alltag
Band 4072

HERDER / SPEKTRUM

Weitere Titel aus der Reihe

HERDER / SPEKTRUM

Peter L. Berger
Auf den Spuren der Engel
Die moderne Gesellschaft und die Wiederentdekkung der Tranzendenz
Band 4001

Eugen Drewermann
Die Spirale der Angst
Der Krieg und das Christentum.
Mit vier Reden gegen den Krieg am Golf
Band 4003

Die fünf großen Weltreligionen
Hinduismus, Buddhismus, Islam, Judentum, Christentum
Hrsg. von Emma Brunner-Traut
Band 4006

Antoine de Saint-Exupéry
Briefe an seine Mutter
Botschaften eines großen Herzens
Band 4007

Gerd Heinz-Mohr
Lexikon der Symbole
Bilder und Zeichen der christlichen Kunst
Band 4008

Christine Swientek
Mit vierzig depressiv, mit siebzig um die Welt
Wie Frauen älter werden
Band 4010

Friedhelm Hengsbach
Wirtschaftsethik
Aufbruch und Perspektiven
Band 4013

Dietmar und Irene Mieth
Schwangerschaftsabbruch
Die Herausforderung und die Alternativen
Band 4016

Lew Tolstoj
Zeiten des Erwachens
Mit einem Nachwort herausgegeben von Axel Dornemann
Band 4017

Hans Maier
Die christliche Zeitrechnung
Entstehung – Wirkung – Widersprüche
Band 4018

J. M. Bochénski
Wege zum philosophischen Denken
Einführung in die Grundbegriffe
Band 4020

Das Glück liegt auf der Hand
ABC der Lebensfreuden
Hrsg. von Rudolf Walter
Band 4021

Tanz der göttlichen Liebe
Das Hohelied des Karmel
Herausgegeben und eingeleitet von Elisabeth Hense
Band 4023

Franz von Assisi
Geliebte Armut
Texte zum Nachdenken
Herausgegeben von Thomas und Gertrude Sartory
Band 4024

Arno Borst
Die Katharer
Mit einem Nachwort von Alexander Patschovsky
Band 4025

Karlfried Graf Dürckheim
Das Tor zum Geheimen öffnen
Ausgewählt und eingeleitet von Gerhard Wehr
Band 4027

Stephan Pfürtner
Fundamentalismus
Die Flucht ins Radikale
Band 4031

Eugen Drewermann
Der tödliche Fortschritt
Von der Zerstörung der Erde und des Menschen im Erbe des Christentums
Band 4032

Annemarie Schimmel
Die orientalische Katze
Mystik und Poesie des Orients
Band 4033

Dieter Oberndörfer
Die offene Republik
Das zukünftige Gesicht Deutschlands
Band 4034

Gerd Michelsen
Unsere Umwelt ist zu retten
Was ich gewinne, wenn ich mein Verhalten ändere
Band 4035

A. Th. Khoury/L. Hagemann/P. Heine
Islam-Lexikon
Zwei Bände im Schuber
Band 4036

Frauenlexikon
Wirklichkeiten und Wünsche von Frauen
Herausgegeben von Anneliese Lissner, Rita Süssmuth, Karin Walter
Band 4038

Antoine De Saint-Exupéry
Man sieht nur mit dem Herzen gut
Band 4039

Maria Kassel
Traum-Symbol-Religion
Tiefenpsychologie und feministische Analyse
Band 4040

Roswitha Defersdorf
Drück mich mal ganz fest
Geschichte und Therapie eines wahrnehmungsgestörten Kindes
Band 4041

Walter Jens/HAP Grieshaber
Am Anfang der Stall, am Ende der Galgen
Das Matthäus-Evangelium
Band 4042

Daniil Granin
Die verlorene Barmherzigkeit
Eine russische Erfahrung
Band 4043

Harry Pross
Das Buch der Freundschaft
Band 4044

Karlheinz Weißmann
Druiden, Goden, weise Frauen
Zurück zu Europas alten Göttern
Band 4045

Malcolm Lambert
Ketzerei im Mittelalter
Eine Geschichte von Gewalt und Scheitern
Band 4047

Hugo M. Enomiya-Lassalle
Erleuchtung ist erst der Anfang
Texte zum Nachdenken
Herausgegeben von Gerhard Wehr
Band 4048

Hans Zender
"Happy new ears"
Vom Abenteuer, die neue Musik zu verstehen
Band 4049

Rüdiger Rogoll
Nimm dich, wie du bist
Wie man mit sich einig werden kann
Band 4046